本书获得河南大学体育学院资助出版

农村代际冲突中老人行动方式变迁研究

以安徽省S县Y村为例

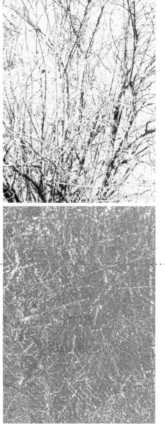

乔　超◎著

中国社会科学出版社

关系资源趋向动用小范围社会网络关系资源，以及进行自我支持；就动用村庄舆论资源策略而言，老人在冲突中则由动用整体村庄舆论趋向动用小群体舆论，以及拒绝动用舆论。从孝道规范角度说，老人在冲突中采取了动用顺从型孝道规范、重构孝道规范的行动策略。需要指出的是，老人在不同时期，具体行动策略会有所不同。

老人在代际关系中价值诉求的变化是其行动特征和行动策略发生变化的内在原因。本书重点分析了老人在经济、情感、权力和声望四个方面的价值诉求。研究发现，老人的经济价值诉求程度趋向降低，诉求方式由实物型转向混合型以及货币型；情感价值诉求程度趋向上升，诉求方式由高情感期待趋向低情感期待，由守礼型情感需求趋向本体性情感需求；权力价值诉求程度趋向降低，诉求方式由直接干预趋向间接干预；声望价值诉求程度趋向降低，诉求方式由真实扮演趋向自我表演。

本书从社会结构变迁角度分析了老人冲突行动变化的原因，重点从宏观结构、村庄结构、家庭结构三个方面进行了分析。（1）农业联产承包责任制的实施部分程度导致代际关系紧张；惠农政策的实施促进代际关系缓和；城乡二元结构的松动导致代际关系逆转。（2）村庄社会结构的变迁导致老人社会支持体系的弱化：村庄人际纽带的松动导致村民人际关系的疏离；村庄价值体系的转变导致农民自主性的增强，降低了村民对他人事务的干涉；村庄"救气"机制的转变导致老人声援体系式微。（3）家庭结构的变迁改变了老人的行动逻辑：家庭规模的缩小改变了老人的行动逻辑；关系叠加程度的降低改变了老人的行动逻辑。

通过上述分析，本书得出以下结论：（1）经济条件改善降低了老人在家庭代际冲突中的行动强烈性；（2）外在社会支持体系的式微弱化了冲突行动的公开性；（3）关系叠加程度的弱化有助于降低冲突程度，进而影响老人的行动方式；（4）交换逻辑的变动改变了老人的代际期待，进而影响老人的行动方式；（5）社会结构变迁对老人冲突行动变化产生重要影响。

关键词： 农村老人　代际冲突　行动方式　行动策略　价值诉求

ABSTRACT

To use Literature, Depth Interviews and Participant Observation, from a perspective of Intergenerational Relationships, this book studies the intergenerational conflict situations between the rural elderly and their married children, and the action modes of the rural elderly in the intergenerational conflict among the process of social structure change. We explain the action modes changes of the rural elderly in the intergenerational conflict then reveal the change process and practice characteristics of intergenerational relations in rural areas. This book will provide a new perspective for our understanding on intergenerational relationships.

Through investigating the rural elderly on different ages, the author focuses on action of the rural elderly on sixty in the different period in the intergenerational conflict. Our reason is that between the rural elderly on sixty and their married child has more significant conflict, which will help our research on the impact of social structure change on intergenerational relationships.

Firstly, from three aspects of action intensity, violence and publicity, the author analyzes the practice characteristics of intergenerational conflict and the action modes of the rural elderly in the intergenerational conflict. In the thesis, the historical period since the reform and opening is divided into three stages: from the late seventies of the twentieth century to the mid – eighties, from the late eighties to the early nineties, from the mid – nineties to now. The book find that since the Reform and Opening up, the rural elderly show diverse action modes which are showing different intensity, violence and publicity at each stage, but as a whole, all kinds of action modes tend to reduce. Especially, those action modes reduce significantly of which are showing higher intensity, violence and publicity, and the extreme action modes disappear gradually. In other words, the action modes of the rural elderly in intergenerational conflict tend to weaken and be more private.

In order to elaborate on the actual action course of the rural elderly in intergenerational conflict, we also need analyze the action strategy of the rural elderly. The author analysis from three aspects: their own resources, social support resources and filial norms. We find that, in terms of own resources, the rural elderly use the action strategy of "economic sanctions", "production assistance sanctions", grandparents raising in the conflict, furthermore, the ability of which the rural elderly use these strategies will be different in different ages. In terms of social support resources, the rural elderly use the action strategy of using social network and using public opinion in the conflict; for the action strategy of using social network resource, the rural elderly tend to narrow the scope of the network and use self support; for the action strategy of using public opinion, the rural elderly tend to use public opinion of small groups and to not use the public opinion in using public opinion of the overall village. In terms of filial norms, the rural elderly use the action strategy of using "compliance type" filial norms, reconstructing the filial norms, resisting the new norms and so on. Be noted that the rural elderly will have different action strategy in different periods.

The change of value appeal of the rural elderly in intergenerational relationships is the inner reason for their alteration in action features and strategy. The book focuses the value appeal of the rural elderly on economic, emotional, power and prestige. We find that the economic value appeal of the rural elderly tend to decrease, appeal turn to hybrid and currency type from material type; the emotional value appeal of the rural elderly tend to increase, appeal turn to low emotional expectations from higher emotional expectations, and turn to "ontological" emotional needs from the type of complying with courtesy; the power value appeal of the rural elderly tend to decrease, appeal turn to indirect intervention from direct intervention; the prestige value appeal of the rural elderly tend to decrease, appeal turn to self performance from real play.

Finally, the book analyzes the reason of the action of the rural elderly in intergenerational conflict from the perspective of changes in social structure, and it focus on macro social structure, village structure and family structure. (1) The implementation of Contract Responsibility system in agriculture lead to the tension between generations in some degrees, the implementation of Benefiting – peasants Policy lead to warming relations between generations, the loose of Urban – rural dual structure lead to reversal of intergenerational relationships. (2) Changes in the village social structure lead to weaken social support systems of the rural elderly: loosening of the village of interpersonal ties lead to the alienation of the village relationships; changes in the value system lead to the village farmers enhance autonomy, reducing interference in village affairs of others; changes in village save gas mechanism lead the decline in support system of the rural elderly. (3) Changes in family structure have changed the logic of action for the rural elderly: changes in family size have changed the logic of action of the rural elderly; change of superposition degree has changed the logic of action of the rural elderly.

Through the analysis of the above described, we can conclude from the following aspects: (1) Improving economic conditions for the rural elderly have a decisive role on reducing the intensive degrees of the action of the rural elderly in intergenerational conflict. (2) The decline of external social support system operations weakens the openness of conflict. (3) The weakening of superposition can help reduce the frequency and intensity of conflict, thereby affecting the action mode of the rural elderly. (4) The change of exchange logic has changed the intergenerational expectations of the rural elderly, thereby affecting their action mode. (5) Changes in social structure have an important impact on the action of the rural elderly in intergenerational conflicts.

Keywords: The Rural Elderly, Intergenerational Conflict, Action Modes, Action Strategy, Value Appeal

目　　录

第一章　导论

本章主要围绕三个方面展开：第一，核心问题。通过对既有文献资料和对 Y 村调查资料的分析，提炼出本书的核心问题。第二，研究意义。通过对研究问题的深入思考，结合相关理论，分析本书的理论意义；结合农村家庭的实际情况，阐述本书的现实意义。第三，文献综述。通过阅读关于代际关系论、代际关系变迁、代际冲突、老人行动以及农村研究等方面的文献，试图梳理以往文献对本书的启示及其不足。

第一节　问题提出与研究意义

一　问题提出

在中国传统社会，孝道受到国家的有力保护。老人有着较高的社会地位、家庭地位，历史上一度有过给予老人物质奖励、授予官位、减免处罚的制度安排，老人受到政府和社会的极力保护。对于那些不能善待老人的子辈，官方也有相应律法进行惩罚。[1] 土地的私有制度也强有力地保护孝道的实施，封闭的农业社会生活，使老人的生产经验、生活经验，都能够成为子辈非常需要的资源。[2] "一般来说，固定的居所、丰富的食物资源、牧畜的饲养、土地的耕种，以及亲密的家庭关系，都是促进老人地位和待遇提高的因素。"[3] 简言之，老人在传统社会中有着较高

---

[1]　关于老人在传统社会中的权威和地位，参见谢元鲁等《中国古代敬老养老风俗》，陕西人民出版社1994年版。

[2]　王秩龙：《王村调查——农村老人权威的丧失及其养老问题》，《社会》1999年第7期。

[3]　[美] 马克·赫特尔：《变动中的家庭：跨文化的透视》，宋践等译，浙江人民出版社1988年版，第300页。

的家庭权威。

近代以来的种种社会运动，不同程度地对中国传统孝文化造成冲击。在此过程中，曾经被国家和社会所极力保护的孝道，甚至被批判为"愚孝"。因而导致曾经高高在上的家长权威受到强烈动摇，家庭代际关系发生变动。在人民公社时期，虽然公社通过集体力量对老人进行了一定保护，老人的基本生活问题能够得到保障；但代际关系已经逐渐趋向平等化，甚至不孝现象已经初露端倪。①

改革开放之后，尤其是实行农业联产承包责任制以来，农村家庭代际关系再次发生重大转变。农业联产承包责任制规定，土地按人头分配给每户。但一旦子辈成家之后，分家时子辈就有权利把属于自己的土地领走，自行耕种，这样老人就失去了土地资源掌控权。老人逐渐沦为弱者，在家庭代际关系中不再占据优势地位。与之相反，随着青年子辈务工收入的提高，他们越来越成为家庭中的强者。如此一来，家庭代际关系就发生很大转变。沈关宝在对苏南农村的研究中发现，不孝现象已经大量出现，例如1985年村里就有老人说"养儿子不如养兔子"。② 需要指出的是，在改革开放至今的历史时期内，家庭代际关系转变以及老人家庭权威的降低，是一个逐渐发生的过程；而且，在特定的条件下，这种趋势还会出现反复和迂回的特征。

在代际关系发生变动之后，代际冲突日渐凸显。沈关宝在苏南农村研究中分析到老人自杀的案例，某老人既要干活，又要顾家，而且还要受到子辈的指责，老人一气之下，服毒自杀。③ 严云翔在对东北农村的研究中也分析了老人自杀和上诉儿子的案例，老李曾经具有家庭权威，后来儿媳妇将家庭权力夺走，不堪忍受权威衰落的老李喝农药自杀；另一位老人自杀的情况是，老汉平时极力维持与儿媳妇的关系，但总是受到儿媳妇的虐待，不愿继续受气的老汉选择上吊自杀。严云翔还列举一例老人状告儿子的事件，老人长期受到儿子、儿媳妇的虐待，在冲突无法解决之后，老人

---

① 张乐天：《告别理想——人民公社制度研究》，东方出版中心1998年版，第374—398页。

② 沈关宝：《一场悄悄的革命——苏南乡村的工业与社会》，云南人民出版社1993年版，第213页。

③ 同上书，第212页。

将儿子、儿媳妇告上法庭。[①] 自杀、状告都是极端的行动方式。事实上，代际的争吵更是经常发生。尚会鹏在对中原地区农村研究中分析了代际冲突案例，老人在与儿媳妇冲突中，使用语言威胁的手段对儿子进行施压。[②]

实际上，在农村社会中，争吵、打架、骂街、自杀、自残等各种代际冲突形式都不同程度地存在。那么，我们应该如何理解这种紧密关系中的冲突，以及老人在冲突中的反应呢？带着这些疑问，笔者选择了典型的以农业为主的安徽省中部地区的Y村作为调查点，前往该村进行实地调查。调查显示，改革开放至今，老人在代际冲突中的行动方式多种多样，且不同时期内老人的行动方式也发生变化。在20世纪80年代初期，Y村发生了两例老人自杀的案例。那么，是什么原因导致老人自杀？为什么他们会使用如此极端手段？为什么不同时期内，代际冲突、老人行动方式会发生变动？是什么原因导致他们行动策略的变化？他们在冲突中的价值诉求是什么？这就是本书试图回答的问题。

二 研究意义

（一）理论意义

本书的对象是农村老人，研究主题是家庭代际冲突中老人的行动方式。尽管笔者重点考察的是老人的行动方式，但却需要同时关注家庭代际冲突、代际关系的研究。首先，本书通过对农村老人在冲突中的行动方式的分析，可以丰富对家庭代际关系理论的研究；其次，可以考察在社会结构变迁中家庭功能的变化，以丰富家庭理论的研究；最后，可以丰富对冲突的研究。

（二）现实意义

调查显示，改革开放以来，随着社会结构的变迁，农村老人日渐成为社会中和家庭中的弱者。他们在家庭代际冲突中种种行动方式的变迁，都在不同程度上证明了他们自身处境的变化。因而，研究农村老人在冲突中的行动方式，有助于深入了解他们的内心世界，也有助于为农村及农村老人政策的制定和完善提供依据。

---

① 严云翔：《私人生活的变革：一个中国村庄的爱情、家庭与亲密关系：1949—1999》，龚小夏译，上海书店出版社2006年版，第201—208页。

② 尚会鹏：《中原地区的"分家"现象与代际关系——以河南省开封县西村为例》，《青年研究》1997年第1期。

第二节　文献综述

在上文中我们已经较为明确地提出了本书的核心问题，即农村老人在家庭代际冲突中的行动方式研究。由于本书将对老人行动方式的分析限定在家庭代际冲突之中，而家庭代际冲突又是家庭代际关系中的一种，因此，若要理解老人的行动特征、策略以及价值诉求，则首先要认识家庭代际关系特征。

代际关系是指代与代之间的关系，包括宏观和微观两个层面的内容。从宏观层面看，代际关系指整个社会中一代与另一代之间的关系。从出生时期看，20 世纪 60 年代出生的人、70 年代出生的人以及 80 年代出生的人，均可以被称为不同代人；按人们所经历的历史时期划分，我们可以将其划分为人民公社时期的一代人和改革开放的一代人。从微观角度看，代际关系特指家庭代际关系，即父辈与子辈之间的关系。当然，微观上的家庭代际关系与宏观意义上的代际关系有着密切关系，但两者所指的具体内涵仍有区别。本书所涉及的代际关系是指家庭代际关系。以下首先将家庭代际关系方面的文献进行梳理。

一　代际关系论

第一，反馈论。费孝通首先提出了家庭代际关系的反馈论。他认为，中国社会的家庭代际关系为反馈模式，即父辈养育子辈、子辈赡养父辈的双向互惠关系。而西方社会的代际关系为接力模式，即一辈养育一辈。[①]长期以来，农村社会保障的匮乏，导致农村老人无法获得正式社会制度的养老保障和社会支持。在这种情况下，反馈模式具有很强的社会合法性，即老人通过对子辈的无限投入，来换取子辈的赡养。相反，西方社会的保障体系较为健全，老人可以通过社会保障维持晚年生活，而不必依靠子辈的赡养。

在中国传统农业社会中，由于孝道受到国家的高度重视，农业社会不流动的特征，以及土地私有制的特点，老人不但受到国家孝道意识形态的强烈保护，而且自身拥有相当宝贵的土地资源。在这种情况下，老人拥有

---

① 费孝通：《乡土中国生育制度》，北京大学出版社 1998 年版。

较高的家庭权威，处于强势地位，而子辈则处于被控制、被约束的地位。在这种社会环境中，当家庭代际发生冲突时，不是老人在抵抗子辈；与之相反，是子辈为争取自由，通过一些手段在抵抗父辈。中国历史上诸多"叛逆"子女的悲剧①，就是很好的说明。总之，由于老人具有家庭权威，抚养子女，赡养老人，被认为是天经地义、不容置疑的家庭代际关系的内容。因而反馈模式在传统社会中能够得到顺畅实施，一般不会成为社会问题。

　　进入现代社会，尤其是改革开放以来，随着孝道的日渐衰落②、土地制度的变迁③、进城务工现象的大量出现，中国传统社会中保持了数千年的家庭代际反馈关系受到动摇，老人的家庭权威受到严重冲击。在此过程中，不孝现象大量出现，家庭代际冲突频繁发生，在冲突中老人亦做出了相应反抗。其中有激烈的行动方式，例如，自杀④、骂街等；也有温和的行动方式，例如，争吵、争论等。正是基于当前家长权威的变动，家庭代际冲突的增多，对老人在代际冲突中行动方式的研究才显得日益重要。不过需要指出的是，家庭代际关系的反馈模式虽然受到了动摇，但其仍然是我们现行社会家庭代际关系的基本模式。反馈关系仍然受到国家的重视，例如法律上依然明确规定，子辈有赡养老人的义务，并且法律条文中规定有相应的惩罚措施。因此，若要研究老人的行动方式，仍然应该在反馈论的视角下进行分析。但需要指出的是，反馈模式中关系主体的行动逻辑已然发生微妙变化，这是我们需要注意的问题。也正是这种变化，为我们提供了分析问题的路径和可能。

　　第二，生产方式论。生产方式论认为，家庭养老与生产方式紧密相关。在农业社会中，家庭所有成员共同劳动，共同积累家庭财富。子辈应

---

　　①　在传统社会中，由于老人具有较高的家庭权威，子女的许多事情由父母做主，例如，在婚姻上，就表现为父母之命。有些子女为了追求自己幸福，而违背老人的意图。这当然会受到老人的极力反对，因而有些男女通过私奔、殉情方式反抗家长权威，但受到传统社会结构、家庭制度的约束，他们的反抗多以悲剧结束。

　　②　关于农村孝道衰落过程的研究，详见严云翔《私人生活的变革：一个中国村庄的爱情、家庭与亲密关系：1949—1999》，龚小夏译，上海书店出版社2006年版，第201—208页。

　　③　传统社会中的土地制度是私有制，家长拥有土地资源支配权。老人可以通过这种资源配置权力来约束儿子，如果儿子不能服从老人。或者说，不能进行良好的赡养，老人可以收回儿子土地的使用权，因此儿子一般来说，不敢挑战老人权威。

　　④　老人自杀行动的详细研究，详见陈柏峰《代际关系变动与农村老年人自杀——对湖北京山农村的实证调查》，《社会学研究》2009年第4期。

该将一部分财富用于赡养老人。而在工业社会，生产方式已经发生变化，个体获取资源的渠道已经不在家庭，因而应该实现社会养老模式。① 事实上，这种理论不仅能够说明养老模式的变迁，同时也能够揭示出家庭代际的权威关系。在农业社会中，老人除了拥有土地资源掌控权之外，亦具有丰富的农业生产经验，对于仅仅依靠农业生产为生的农民来说，无疑这种经验是非常宝贵的。因而，老人在代际关系中拥有较高话语权。

从生产方式论视角也可以来透视家庭代际冲突的情况，以及老人在冲突中的行动方式。改革开放至今的30多年，虽然相比传统农业社会数千年的历史时期非常短暂，但恰恰在这短短的历史时期内，中国社会的生产方式发生了极大的改变，即我们正在大踏步地从农业社会转向工业社会。在此过程中，我们已经非常明显地看到，数以亿计的农村人口流动到城市从事工业生产，并逐渐放弃农业生产。从笔者的调查来看，当前Y村现有农业劳动力几乎全是老人，而绝大多数青年人则放弃农业生产。

改革开放初期的70年代末80年代初，Y村几乎所有村民仍在务农，但家庭关系却已经发生变化。尤其是分田到户之后，已成家的儿子将属于自己的土地领走独立耕种，组建了自己的核心小家庭。子辈与父辈虽然共同居住在农村，但子辈却已经不再完全服从老人的支配。而且，由于代际对经济资源的激烈争夺，导致那一时期的家庭代际冲突频繁发生。从这种情况来看，我们若再度审视生产方式论的话，则需要我们进行有区别的对待。但不可否认的是，此理论能够为我们分析老人的行动方式提供可借鉴的视角。

第三，社会交换论。社会交换理论重点讨论代际的交换过程，包括利益交换以及照顾的交换，既分析物质性交换过程，也探讨符号性交换。② 社会交换论认为，在交换中可以产生权力。③ 老人与子辈进行交换过程中，如果老人获得的回报多于付出，那么，老人必须相应以依从作为回报。④ 改革开放至今，中国处在转型社会之中，社会生活中的诸多方面都

---

① 石涛：《家庭与老人》，中国文联出版公司1996年版，第16—23页。

② 熊跃：《需要理论及其在老人照顾领域中的应用》，《人口学刊》1998年第5期。

③ 关于交换中产生权力的研究详见［美］彼德·布劳《社会生活中的交换与权力》，孙非等译，华夏出版社1988年版。

④ ［美］N. R. 霍曼等：《社会老年学——多学科展望》，冯韵文等译，社会科学文献出版社1992年版，第88页。

在不同程度上发生变迁，人的行动逻辑也相应发生变动。转型社会的特点就是，新的社会规范与旧有的社会规范并存，并在某种程度上发生冲突，人的行动逻辑也表现出这种特征。正因为如此，有着传统观念的老人认为，他们抚养子辈，理应受到子辈赡养，这种行动逻辑就是反馈关系论观念。

然而，转型社会中的新型规范也正在不断冲击着旧有的代际关系，例如有些学者就指出了当前代际关系中理性化趋势，即日趋计算当前短时的代际交换的利益得失。① 曾经那种父辈抚养子辈，子辈赡养父辈的伦理，受到冲击。这样一来，社会结构的快速变迁，导致了家庭代际的价值观出现了前所未有的差异。如同米德谈到的代沟②现象一般。这种代沟造成了代际行为方式、价值观等诸多方面的差异。

反馈模式的家庭代际关系可以理解为长时的交换关系，即父辈通过抚养子辈的付出，来换回子辈赡养的回报。正如陈皆明指出的"投资与赡养"的关系③，父辈通过对子女进行投资，而后获得子辈日后的回报。反馈关系尽管可以理解为一种长时的交换关系，但受到伦理规范的约束，使得这种交换强调双方各自的强义务，即父辈理应抚养子辈，子辈也必须赡养父辈。这是不容置疑、天经地义的事情。而且，投资与回报之间不必进行精确的计算，是一种颇为模糊的交换关系。在这种关系中，伦理强调家庭代际关系的义务性和情感性。但现在出现的理性短时交换关系，却打破了原来那种"强义务"关系的反馈模式。可以说，在社会转型过程中，这两种交换关系同时并存。对老人一般来说，多倾向于秉持反馈模式的代际关系，但青年子辈则越发表现出理性短时交换关系特征。如此一来，便造成家庭代际冲突的不断发生，不孝现象在农村大量出现。也就是在此过程中，逐渐被社会、家庭弱势化的老人，则会在代际冲突中做出或强或弱，或公开或私密的行动。

第四，血亲价值论。"血亲价值将维护血亲关系、履行血亲责任和实

---

① 杨华：《当前我国农村代际关系均衡模式的变化——从道德性越轨和农民"命"的观念说起》，《古今农业》2007年第4期。

② 有关代沟的研究详见［美］玛格丽特·米德：《文化与承诺：一项有关代沟问题的研究》，周晓虹等译，河北人民出版社1987年版；［美］玛格丽特·米德：《代沟》，曾胡译，光明日报出版社1998年版。

③ 陈皆明：《投资与赡养——关于城市居民代际交换的因果分析》，《中国社会科学》1998年第6期。

现血亲利益作为自己的人生目标，弱化了代际关系中的经济交换原则和互惠利益原则。从总体上说，人生价值的选择，离不开社会经济发展水平的决定作用，但具体到家庭和个人，还要受环境文化等多方面因素的影响。"① 反馈关系尽管可以理解为一种长时的交换关系，但在父辈抚养子辈过程中，父辈尽心尽力、竭尽全力地进行抚养，并投入相当多的感情和爱护。因此，这种关系绝对不能等同于市场中行动主体之间的等价交换。因为家庭代际关系中充满着人世间最为真挚的情感和爱护。何况，血缘关系的天然性基础，是任何其他事物无法表达的。从生物基因的角度来说，儿子与父辈之间本就是生命的共同体，儿子遗传有父辈的血统，是父辈生命的延续。因此，这种生命统一体、延续体的关系，必然可以唤起子辈对父辈的敬爱和善待。子辈孝敬父辈，是他们自身的一种需求，是他们表达爱的一种方式。

尽管血亲价值论有着很强说服力，但一个不争的事实是，农村社会中事实上存在大量的不同程度上的不孝现象。这是此理论无法很好进行解释的地方。实际上，血亲价值论中的一些内容，也可以通过交换论的视角进行分析。正如交换论认为，不但物质性资源可以交换，一些非物质性资源，或者说符号性的资源也可以交换。② 在家庭代际关系中，引发冲突的原因，不仅有物质性的资源，同时也有非物质性的资源，例如老人会因为子女不能经常来看望他们而生气，这就是非物质性资源交换不对等引发的冲突。在老人看来，他们含辛茹苦、投入全部心血地抚养孩子，把孩子的生命看得胜过自己的生命，即他们投入难以计算的物质资源和情感资源。因而当他们到晚年时，若不能获得子辈的情感和爱，而仅仅是获得一年几百斤粮食、几百块钱的话，无疑要为自己曾经投入的情感而有所行动。当然，随着农村社会结构的变迁、家庭代际关系的转变，他们的行动方式可能会发生变化。血亲价值论能够对本书提供启发，但在分析家庭冲突的时候，也有着一定的局限性。除了上述反馈关系论、生产方式论、社会交换论、血亲价值论等理论之外，还有一些诸如依赖论③、需求论等理论视角，同样能够对家庭代际关系进行解释。

---

① 姚远：《中国家庭养老研究》，中国人口出版社2001年版。

② ［美］彼德·布劳：《社会生活中的交换与权力》，孙非等译，华夏出版社1988年版。

③ 阎卡林：《关于我国一些地区新生婴儿性比例失调的原因及对策——二论"养老"与"生小"的关系》，《人口学刊》1983年第4期。

第五，代际关系与社会保障的关系。"代际关系的强弱和类型与社会保障制度的完善程度密切相关。社会化养老越发达，对老年人的正式支持也就越强，老年人的非正式支持的需求也就越弱。"① 相反，社会化养老越不发达，老人对非正式支持的需求越强，即对子辈的赡养需求越强烈。有研究表明，社会保障越丰富，就越加剧子辈对于家庭的离心力，即他们越不必对父辈进行回报，这无疑对于家庭伦理形成一定的冲击。相比中国社会家庭代际较为温情的亲情关系，西方社会的代际关系显得较为疏离。这与社会保障制度具有一定的相关性。阿伯瑞姆和史密斯（Abrams and Schmitz）认为，较好的社会保障制度会对家庭代际关系形成负面影响，原因是社会保障取代了家庭保障的支持。家庭支持的责任降低了，因而对代际关系形成一种疏离的作用。② 与上述观点相反，库尼曼德和瑞恩（Kunemund and Rein）则认为，当老人能够获得较多社会保障，具有了一定的经济基础时，则能够更好地对子女进行帮扶，从而加强了代际交换中老人的有利地位，增强了代际的紧密度。③

二　代际关系变迁

在中国传统社会中，基于统治的需要，国家巧妙地将人们对国家的忠诚与对老人的孝道有力连接起来，将孝道上升到意识形态高度。国家、社会大力弘扬孝道文化，并在实际生活中颁布有一定的奖惩措施来保证孝道的实现。加之，以农业生产为主的农村社会，老人在农业生产方面具有一定的经验，这也是老人具有家庭权威的基础。同时，不流动的稳定生活共同体社会有着较强的村庄舆论，使得孝文化价值体系能够得以实现。总之，在上述条件下，一般来说，老人在家庭内可以获得较高的权威，老人的地位不容动摇。

然而，近代以来的新文化运动却对中国传统孝道形成很大的冲击，在以吸收西方现代理念的运动中，中国旧有的孝文化受到严重挑战。种种社会运动对孝道文化进行猛烈抨击，孝道甚至被认为是"愚孝"。从正面效果

---

① 徐勤等：《艾滋病对代际关系的影响——从老年的视角》，《浙江学刊》2006 年第 2 期。

② Abrams, B. A. and M. D. Schmitz, The crowding – out effect of governmental transfers on private charitable contri – butions: Cross – sectional evidence. *National Tax Journal*, 1984, 37: 563 –568.

③ Kunemund, Harald and Martin Rein, There is more toreceiving than needing: theoretical arguments and empirical explorations of crowding in and crowding out. *Ageing and Society*, 1999, 19: 93 – 121.

看，这种批判无疑大大地解放了青年一代，极大地鼓励了青年人的独立性和创造性。在此过程中，妇女追求平等的呼声也越来越高。新中国成立以后，我国曾实行人民公社制度，在此过程中，家庭的功能受到严重削弱，老人的家庭权威继续受到冲击。但由于集体力量对老人的保护，老人能够得到集体照顾，因而老人的基本权益仍然能够得到保证。分田到户以后，家庭代际关系发生了较大变化，子辈成家以后迅速将属于自己的土地领走独立生活，集体力量不再对家庭进行干涉，也不再对老人进行有力保护。①

第一，代际关系倾斜、代际关系失衡。在传统社会中，家庭代际关系是向上倾斜的，也就是说，相比孙辈来说子辈更重视父辈。"郭巨埋儿救母"的故事，就是一个典型的家庭代际关系向上倾斜的说明。尽管这是一个典故，其真实性值得商榷，但能够在日常生活被人们口头相传，并被奉为经典，足以说明传统社会中代际关系的特点。改革开放以来，家庭代际关系却出现严重向下倾斜的现象。刘桂莉在其《眼泪为什么往下流？——转型期家庭代际关系倾斜问题探析》一文中对此现象进行了深入的分析，作者认为，在社会经济制度发生变迁以后，子辈越来越脱离父辈所熟悉的生活范围，在工业化的进程中，子辈日渐工作、生活在城市之中，子辈的经济收入、文化观念等与父辈产生很大差距。他们将更为关注自我小家庭的生活。传统孝道的价值体系亦发生了变化。代际经济交换、文化交换等都发生很大的变化，这种变化使得代际产生了较多的矛盾。简言之，子辈成家以后更为关注自己的小家庭，将主要精力用在抚养自己的下一代，而不再过多地关注上一代，即作者所讲的"眼泪往下流"。换言之，代际关系向下倾斜问题越发严重。②

沈关宝指出，"单向漂移使反馈模式发生倾斜：赡养这条线在逐渐变细变弱，而抚养的线在增粗。据一位青年人对他家实际情况的估计，他儿子一年的费用大约是他父母生活费用的总和。这种单向漂移尚不至于引起社会震荡，因为孩童抚养条件的改善正满足了老年人器重儿孙的心理，从而部分地减轻了他们对自身生活的不满程度。"③ 在《农村家庭代际关系

<hr>

① 贺雪峰：《农村家庭代际关系的变动及其影响》，《江海学刊》2008 年第 4 期。
② 刘桂莉：《眼泪为什么往下流？——转型期家庭代际关系倾斜问题探析》，《南昌大学学报》（人文版）2005 年第 6 期。
③ 沈关宝：《一场悄悄的革命——苏南乡村的工业与社会》，云南人民出版社 1993 年版，第 213 页。

的变迁——从"操心"说起》一文中，贺雪峰从"操心"的角度论述了
代际失衡的过程，即父辈进行无限付出，而子辈仅仅提供非常有限的回
报。从交换论角度看，这是一种非常不对等的关系。但老人之所以依然能
够如此行动，笔者认为，这是文化对老人的影响使然，即老人将子辈事情
办完，他们才算完成人生任务，才能够心安理得，而并没有去过多关注日
后的晚年生活。但最近农村渐渐出现了一些颇为理性的低龄老人，他们看
到那些老人无限付出之后的凄凉晚年生活时，开始日渐有了为自己"留
一手"的打算，即他们不再无限制地付出，开始为自己积累一些财富以
备后用。如此一来，会导致代际关系的疏离。这虽然形成一种新型代际关
系的平衡，但却是以牺牲温情脉脉的家庭亲情为代价。笔者认为这是我
们应该认真思考的问题。①

第二，代际关系理性化。费孝通指出，中国社会的代际关系为反馈模
式，即甲代抚养乙代、乙代赡养甲代、乙代抚养丙代、丙代赡养乙代的哺
育和反哺的关系。这种关系不同于西方社会甲代抚养乙代、乙代抚养丙代
的接力模式。②郭于华虽然认同代际反馈关系的存在，但作者进而指出
代际有着交换的逻辑。既有物质的交换，同时还有情感等方面的交
换。③王跃生在总结上述两种代际关系特征之后指出，单纯的任何一种
模式都不足以解释当前的家庭代际关系，将两者结合起来才更具有解
释力。④

边馥琴等认为，"大量资料显示，无论在西方还是在中国，家庭仍然
承担着赡养老人、抚养孩子的重任。伴随工业化、城市化和现代化的进
程，家庭没有失去它独特的作用，仍然在社会福利和社会保障领域扮演着
重要角色，没有任何迹象显示家庭关系随现代化的进程而减弱。"⑤尽管
家庭依然承担着抚养与赡养的关系，但是随着社会结构的变迁，代际的关
系发生了很大变化。

马超在其硕士论文中指出，空巢家庭增多，家庭代际关系逐渐表现为

① 贺雪峰：《农村家庭代际关系的变迁——从"操心"说起》，《古今农业》2007年第4期。

② 费孝通：《社会学的探索》，天津人民出版社1985年版，第86页。

③ 郭于华：《代际关系中的公平逻辑及其变迁——对河北农村养老事件的分析》，《中国学术》2001年第4期。

④ 王跃生：《中国家庭代际关系的理论分析》，《人口研究》2008年第4期。

⑤ 边馥琴等：《中美家庭代际关系比较研究》，《社会学研究》2001年第2期。

外化现象；老人在代际关系中日渐理性化，代际交换过程呈现双向作用；精神养老问题凸显，家庭功能日益弱化；子辈的独立性增强，代际的关系呈现民主化趋势；代际关系向下倾斜严重；市场经济对家庭代际关系形成很大的影响。作者进而解释了影响代际关系的因素，即居住方式、家庭模式以及传统文化等。①

分田到户以后，子辈逐渐外出务工，务工经济收入高于农业收入。老人在家操持家务、抚养孙辈，子辈在外务工挣钱，这种交换的色彩更为明显。王跃生指出，"实际上，交换关系不仅表现在青年儿子、儿媳和中年父母（公婆）之间，而且在中年儿子、儿媳和老年父母（公婆）之间同样存在。老年父母若身体健康，同时具有一定劳动能力，既能为子女操持家务，又能减少儿子的经济负担，那么，亲子之间、婆媳之间就能和睦相处。若父母疾病缠身，丧失劳动能力；同时缺少积蓄，高度依赖子女赡养，儿子和儿媳对其照料则可能会比较消极。所以，我们认为，父子两代，特别是父母一代，有意识地增强自己的交换能力，对提高子女的赡养水平有很重要的意义。"②

第三，文化反哺。文化人类学家米德从社会变迁角度，将代际关系分为三种形式，即后喻文化形式、并喻文化形式以及前喻文化形式。③ 这三种文化类型对应的代际关系是不同的，体现了教育主体与受体的变化。周晓虹曾经撰文提出，我们的社会已经进入后喻文化时期，子辈对父辈开始出现了文化反哺的现象。传统社会是父辈对子辈进行教育，父辈是教育的主体，他们有着丰富的经验和阅历，享有较高的社会地位和家庭权威。而随着社会结构的变迁，青年一代日渐显示出对于现代社会的适应性；相较而言，老人对于社会的适应，对于新文化的吸收，则较为缓慢。今天，父辈日益成为被教育的对象。④ 简言之，代际关系发生逆转。

周晓虹在《文化反哺：变迁社会中的亲子传承》一文指出，千百年以来，家庭代际都存在亲子的社会互动，但是纵观亲子互动的历史，我们发现在社会结构变迁中亲子互动方式发生了很大变化。由于在传统农业社会中，社会变迁速度缓慢，家庭代际的差异并非显著。而当前社会的快速

---

① 马超：《中国家庭代际关系变化研究》，硕士学位论文，吉林大学，2007 年。
② 王跃生：《中国家庭代际关系的理论分析》，《人口研究》2008 年第 4 期。
③ 也有学者将米德代沟理论划分翻译为后象征文化、互象征文化以及前象征文化。
④ 周晓虹：《文化反哺：变迁社会中的亲子传承》，《社会学研究》2000 年第 2 期。

发展，已经导致了亲子之间互动性质的部分变化。具体来讲，亲子互动发生如下四个方面的变化：首先，文化反哺现象已然出现，且在城市家庭中较为明显；其次，文化反哺包括，生活态度、价值观、行为方式以及物质文化的认定等；再次，子辈受传统行为模式、价值观影响较小，而对新生事物有着更高的接受能力；最后，由于社会的快速发展，子辈顺应社会的能力高于父辈，因而父辈的权威受到挑战。[1] 笔者主要是基于对城市家庭代际关系进行的分析，认为文化反哺现象确实存在。事实上，从对 Y 村的调查来看，这种文化反哺现象在农村家庭代际关系中也依然存在。

改革开放之前的中国农村社会，我们基本上可以将之看成是前喻文化时代。田间劳作的农业生产方式、农村熟人社会的生活方式以及社会流动率极低的社会结构等特征，导致农村文化必然是一种前喻文化。前人的经验可以成为后人的必备知识。然而，改革开放以后，中国社会结构发生巨大变化；与之相应，农村社会亦发生很大的变革。首先，农业联产承包制的实施，大大激活了农民生产的积极性。更为重要的是，市场经济的浪潮，现代媒体对农村社会的影响，城市经济的迅猛发展，农村劳动力向城市的转移等，都对农村社会造成很大影响。传统小农社会的生产方式、生活方式，都受到极大的冲击和动摇。老人曾经珍视的务农经验、生活阅历，被新的工作方式、生活方式所取代。在技术迅猛发展的过程中，青年人的接受能力和适应能力，明显优于长辈。年青一代渐渐成为社会发展的主力军，持有传统观念的老人在面对新文化时感到种种不适和困惑，与子辈之间不可避免产生代沟和冲突，代际关系随社会结构的变革而发生逆转。

第四，外出务工对代际关系的影响。孙鹃娟在《成年子女外出状况及对农村家庭代际关系的影响》一文中指出，虽然子女外出务工降低了子辈对于父辈的帮助和支持，增加了父辈的负担，如老人需要承担生产劳动、生活压力、隔代抚养等。但是，老人对子辈外出却持有肯定态度。作者认为，这是老人将子辈外出务工视为增加家庭整体收入的一种表现，认为他们外出务工符合家庭整体利益；子女务工收入的增加对老人经济的支持也有所提高。[2]

---

① 周晓虹：《文化反哺：变迁社会中的亲子传承》，《社会学研究》2000 年第 2 期。
② 孙鹃娟：《成年子女外出状况及对农村家庭代际关系的影响》，《人口学刊》2010 年第 1 期。

　　杜鹏等认为，子女外出虽然改善了老人的经济条件，但老人孤独感更为强烈，子辈的孝敬观念没有发生明显变化。[①] 孙鹃娟在《劳动力迁移过程中的农村留守老人照料问题研究》一文中指出，子女外出务工之后，老人的照料者明显减少，同时社会性照料组织亦不够完善，因此，关注农村老人的照料问题，是非常必要的。也就是说，子女外出务工对老人生活照料形成很大影响。[②] 外出务工人员由于接受了外界的价值观，因此他们传统的家庭观念发生转变，传统家庭代际关系以及传统社会规范受到动摇。[③] 阿博德林和伊萨贝拉（Aboderin and Isabella）认为，在发展中国家的家庭内，农村老人需要获得家庭成员的养老，但是随着社会现代化的过程，家庭功能发生转变，这种转变大大降低了家庭对老人生活的支持。[④] 越来越多的农民外出务工之后，中国农村家庭性质正在发生改变，由于子辈外出务工挣钱，因此，老人只能孤独地在农村家庭生活。[⑤] 孙鹃娟则认为，子女外出务工使得家庭利益扩大，老人满意度提高。[⑥]

三　代际冲突

　　本书的主题是老人在家庭代际冲突中的行动方式，是一项有关社会行动的研究，但老人行动限定在家庭代际冲突、代际关系之内，并不研究老人在其他社会关系中的行动。本书主要探讨老人与已经成家儿子之间的关系，而不关注老人与未成家儿子之间的关系。此项研究中的家庭代际关系包括四种关系，即父子关系、母子关系、婆媳关系、公媳关系等。尽管这种四种关系的冲突情况有所不同，一般来说，婆媳冲突较为多见，而其他三种关系的冲突相对来说较少发生，但如果从社会结构变迁对代际关系、代际冲突影响的角度来看，四种关系造成的冲突有着很强的相似性。需要

---

① 杜鹏等：《农村子女外出务工对留守老人的影响》，《人口研究》2004 年第 6 期。

② 孙鹃娟：《劳动力迁移过程中的农村留守老人照料问题研究》，《人口研究》2006 年第 4 期。

③ Wilensky, H. L., *Rich Demographics*: *Political Economy*, *Public Policy and Performance*. University of California Press, 2002: 891.

④ Aboderin and Isabella, Modernization and Ageing Theory revisited: Current Explanations of Recent Developing World and Historical Western Shifts in Material Family Support for Older People. *Ageing & Society*, 2004, 24: 29 – 50.

⑤ Dwayne Benjamin, Loren Brandt, and Scott Rozelle, Aging, well – being, and Social Security in Rural North China [J]. *Population and Development Review*, 2000, Vol. 26: 89 – 116.

⑥ 孙鹃娟：《成年子女外出状况及对农村家庭代际关系的影响》，《人口学刊》2010 年第 1 期。

指出的是，尽管从理论上、学理上看，我们可以将这四种冲突分开来进行研究，但在农村家庭实际生活中，这些关系造成的冲突经常缠绕在一起，例如，由婆媳关系引发的冲突，经常会将儿子、父亲卷入进来，最后形成以父母为一方，儿子、儿媳为一方的家庭代际的冲突。需要指出的是，与现实生活相对应，现有的理论关怀更多地表现在婆媳冲突的研究之中。

随着社会结构的变迁，婆媳关系亦发生了变动。在传统社会，婆婆高高在上，媳妇听命于婆婆。媳妇通过多年的努力，来补偿这种做媳妇的利益受损，即多年媳妇熬成婆，然后她再去管制新媳妇。如此一来，形成一种婆媳之间相对稳定的关系。① 近代的新文化运动，对妇女权力的呼声与日俱增，新中国成立后，妇女平权思潮更为明显，也更为深入人心。应该说，新中国成立后直到分田到户之前，婆媳之间基本上处于平权状态。但随着青年子辈外出务工现象的增多，媳妇资源获得能力的增强，婆媳关系格局发生重大转向，即媳妇越发占据上风，权力结构发生逆转。如此看来，经济资源的获取能力对于家庭代际关系具有重要影响。需要指出的是，如果我们将价值体系也作为一种无形资源的话，那么，老人能够利用对他们有利的传统价值资源的可能性也越来越小。改革开放以来，随着社会的快速发展，现代化观念日渐侵入农村社会之中。市场经济的浪潮，现代传媒的宣传等，这些因素都使得婆婆逐渐被弱势化。

仇立平在《婆媳关系——恼人的社会关系》一文中指出，婆媳之间存在着角色冲突，即在传统社会中表现为权力冲突关系，首先，在现在社会中则表现为媳妇传统角色与其追求新角色的冲突。其次，婆媳对儿子感情的争夺亦是冲突的原因，在媳妇过门之后，婆婆会感到情感上的失落。再次，婆婆与媳妇的社会化过程是在不同的环境中完成的，因此她们之间不可避免地存在着差异与冲突。最后，由于婆媳关系不是一种血缘关系，因此较容易引发冲突。② 刘应杰在《解开婆媳关系的结》一文中指出，农村是一个熟人社会，邻里之间互动相当频繁，村民之间的礼尚往来，生活互助非常之多。婆媳共处同一生活场景之中，婆媳共同参与到村庄事务之中，这样导致她们之间的联系颇多，同时也会引发较多的摩擦，人情摩擦、利益纠纷等都会转化现实冲突或者内在敌意。婆媳关系是建立在儿子

---

① 贺雪峰：《农村家庭代际关系的变动及其影响》，《江海学刊》2008 年第 4 期。
② 仇立平：《婆媳关系——恼人的社会关系》，《社会》1990 年第 2 期。

姻缘关系之上的间接关系，她们之间没有血缘关系，缺乏感情基础，但又有着很多的日常接触，因而这种关系非常难以相处。①

笑冬《最后一代婆婆》一文分析了分家过程中的婆媳矛盾。"家庭成员的关系和特定的家庭结构有关。当家庭成员的利益发生了冲突，关系日趋紧张的时候，常常以分家来解决问题。婆媳矛盾在这一过程中往往比其他成员表现得明显、强烈。"② 在分家过程中，家庭成员间关系开始紧张。这种紧张关系经常表现为婆婆和媳妇在前台公开冲突，其他矛盾隐藏在后台。作为嫁进来的媳妇经常被看成是"外人"，因此面对这种紧张关系，她们会设法以不同于"自家人"的手段和方式来实现自己的利益。并且在分家过程中，儿子和媳妇的利益常常是一致的，儿子会以巧妙方式支持媳妇以获取自己在分家中的利益。③

个体生活在社会网络之中，网络关系会与个体事件形成双向作用，即网络关系会对个体事件形成影响，同时，个体事件也会影响网络关系。李景毅在《婆媳关系与其网络人际关系效应》一文中指出，在婆媳关系中以媳妇为中心会形成三种人际网络，即媳妇丈夫家的人际网络、媳妇自家的人际网络、夫妻的人际网络。婆媳关系的好坏与这些人际关系网络有着很大的关系，不但这些网络关系会对婆媳关系造成影响，同时，婆媳冲突也会反过来影响到网络关系，造成一定的社会影响。④ 许放明在其《婆媳矛盾：一个难解难分的情结》一文中指出，从根本上讲，婆媳关系存在三种天然的矛盾，即婆媳双方对彼此的期望过高与现实事务的冲突，婆媳双方对儿子角色扮演期望的矛盾，婆媳之间经济方面的矛盾。⑤

在隔代抚养方面，代际会引发冲突，尤其是婆媳之间会因为孙辈的种种事务而发生矛盾，例如有关孙辈的教育问题就能够成为冲突原因。《中国人口报》就报道了婆媳之间由于孙辈的教育而导致的冲突，老人在孙子画完画以后迅速将笔和画收拾起来，以免将衣服和家具弄脏、弄乱，但这样无形中降低了孙子画画的积极性。媳妇对此存有强烈的意见。⑥ 可见

① 刘应杰：《解开婆媳关系的结》，《社会》1996 年第 12 期。

② 笑冬：《最后一代婆婆》，《社会学研究》2002 年第 3 期。

③ 同上。

④ 李景毅：《婆媳关系与其网络人际关系效应》，《人口学刊》1996 年第 3 期。

⑤ 许放明：《婆媳关系：一个难解难分的情结》，《社会》1996 年第 8 期。

⑥ 《教育孩子引发婆媳矛盾》，《中国人口报》2008 年 7 月 22 日第 4 版。

代际因为隔代抚养也会导致冲突的发生。

　　婆媳冲突有时是以明显方式爆发出来，能够引起他者注意，能够成为家庭事件或者村庄公共事件，而还有相当部分的冲突并未直接表现出来，但双方在情绪上、心理上都具有一定的敌意。许诗淇和黄丽莉对婆媳冲突的研究表明，婆媳冲突除了具有外显冲突以外，还具有内隐冲突，即一方或者双方存有不良情绪。碍于不想将不良情绪转化为外显冲突，因而她们通过保持一定的距离，减少接触的手段，试图避免冲突。作者进而提出了三种婆媳关系类型，即淡然无味型、敬畏揣测型和拒斥隐忍型。①

　　对于整个家庭来讲，婆媳冲突不仅仅是当事人双方的事情，这种冲突经常会使家庭成员卷入进来，并引发其他冲突，这在家庭中司空见惯。当然，由于不同社会的历史、文化不同，这种影响也有所不同，最为典型的要数意大利社会中的婆媳冲突导致子辈多有离婚事件的发生。据《世界报》报道，近年来，意大利的离婚率有上升趋势，而原因之一竟然是由于婆媳冲突造成的，在离婚事件中，有三成离婚案例是因为婆媳矛盾而导致的。在意大利社会中，母子关系非常亲密，甚至在儿子结婚之后，母亲依然干涉儿子的生活，嫉妒媳妇，找媳妇的麻烦。因而一些不堪忍受婆婆的儿媳被迫提出离婚。②

　　婆媳冲突虽然难解难分，但并不是没有解决的办法。崔应令在《婆媳关系与当代乡村和谐家庭的构建》一文中就提出化解婆媳冲突的路径。作者认为，父母子三者构成一个三角，媳妇进门后构成了两个三角，即父母子和父母媳。首先虽然媳妇加入使得家庭变得更为复杂，代际隐藏着冲突，但儿子可以作为连接两个三角的节点，可以将冲突化解。其次，父亲在场也可以成为制约婆媳冲突的平等力量。最后，对于孙辈的共同照顾，也可以成为降低矛盾爆发的砝码。③ 徐征等在其《代际关系的影响因素及如何建立正向的代际关系》一文中指出，离婚、亲属关系形式、性别、居住方式、子女经济地位等因素对代际关系形成一定的影响。作者进而提出了化解代际冲突的一些方法，例如，子女重新认识代际关系，寻找代际

　　① 许诗淇等：《保持距离，有利关系？虚性和谐的婆媳关系与人际界限》，中国社会心理学会学术研讨会论文，黄山，2006 年 10 月，第 7—9 页。
　　② 冯侢：《婆媳关系紧张令意大利离婚率飙升》，《世界报》2007 年 1 月 10 日第 8 版。
　　③ 崔应令：《婆媳关系与当代乡村和谐家庭的构建》，《武汉大学学报》（哲学社会科学版）2007 年第 2 期。

冲突的原因所在等措施。① 刘应杰也提出了解决婆媳冲突的方法，即维持和平相处，平等对待对方，婆媳相处要有智慧，认识对方，互相尊重与理解，不要过分对事情较真，儿子要起到安全阀的缓冲作用，扮演好中间人的角色。②

米德在《代沟》一书中将代际关系划分为三种文化类型，即后象征文化、互象征文化以及前象征文化等。后象征文化是指晚辈向长辈学习，接受长辈已有的知识和经验；互象征文化是指同辈之间相互学习知识和经验；前象征文化是指长辈向晚辈学习知识和经验。米德认为，今天世界已经发生了巨大变化，随着科学技术的高速发展，旧有的知识体系已经逐渐被新的技术所吞噬，青年人日渐成为现代社会发展的主力军，他们对新事物的接受能力远远高于老一辈人，因而我们的社会已经进入到前象征文化的时代。故而，代际关系也就表现为长辈向晚辈学习的过程。后象征文化是一种变化缓慢的文化类型，人们在固定土地上延续着固定不变的生活方式。一代一代延续着这种始终如一的生活方式，使得长辈的经验必然成为晚辈必需的知识。③ 在米德看来，代际部分程度上的隔阂现象是常见的，是人类社会生活中的正常现象。然而，自 20 世纪 60 年代以来发生的诸多事件，例如，青年风暴运动、美国的反对战争运动、法国的风暴运动以及德国青年的抗议示威运动等。这些独特事件彰显出代际的冲突与对立。因而代沟成为一个当前我们必须面对的社会问题。④

张永杰、程远忠在《第四代人》一书中认为，随着经济的快速发展，中国社会发生了很大的转型，在此过程中，代沟问题日益凸显。在生活各种领域之内，我们都可以看出代际的对立与冲突。如同本书的书名，作者按照重大事件对个体影响的逻辑，将我国社会中的人群分为四种。应该说，这种划分与米德对代沟的分析是一致的。⑤ 在《"代"的时代》一文中李新华指出，随着时代的发展、技术的革新，人们的生产方式、生活方式已经发生了很大变化，因而价值观亦同时发生变迁。不同群体的价值观

---

① 徐征、齐明珠：《代际关系的影响因素及如何建立正向的代际关系》，《人口与经济》2003 年第 3 期。

② 刘应杰：《解开婆媳关系的结》，《社会》1996 年第 12 期。

③ ［美］玛格丽特·米德：《代沟》，曾胡译，光明日报出版社 1998 年版。

④ 同上。

⑤ 张永杰、程远忠：《第四代人》，东方出版社 1988 年版，第 5 页。

不同，且价值观上存在着冲突，代沟问题由于价值差异而产生。作者认为，不仅阶级、血缘因素，可以产生对立与冲突，而且，当前价值观的冲突甚至更为明显。因此，李新华是在针对价值观问题上对代沟进行了分析。[①]

四　老人行动相关研究

改革开放以来，随着农村社会结构的迅速变迁，家庭代际关系已经趋向失衡化、理性化，在此过程中，家庭代际冲突频繁发生。那么，在家庭代际冲突中，老人都做出了什么反应？换言之，他们都使用了何种行动方式？以下就专门针对老人在代际冲突中的行动研究文献进行分析。

第一，自杀。沈关宝在对苏南农村的研究中指出，"1987 年年底，村里发生两起老人厌世自杀的事件，都因劳动负担过重而引起。其中一位是65 岁的男性，他既要种田，又要顾家，里里外外不停地做。但小辈仍有闲话，不甚满意。他一气之下，就在为桑树施用除虫剂后，自己也服毒身亡。"[②] 在严云翔对东北农村的研究中也指出了老人自杀的案例，案例一：老李由于在儿子成家之后，家庭权力被儿媳妇夺走，因此曾经具有很高家庭权威的老李，无法忍受这种结果，于是通过喝农药的方式结束了自己的生命，以此来抗议其家庭权威的衰落。案例二：一位 71 岁的老汉通过上吊结束了自己的生命，与老李自杀原因不同的是，这位老汉平时极力维持与儿媳妇的关系，但通过种种努力都没有换回儿媳妇同情。在一次吃饭的问题上，老人再次受到极大伤害，老人实在难以忍受这种生活，一气之下上吊自杀。[③]

如果上述自杀研究只是分散到其他相关主题范畴的话，那么，陈柏峰的《代际关系变动与农村老年人自杀——对湖北京山农村的实证调查》一文则是对老人自杀的针对性研究。陈柏峰在研究中指出，20 世纪 80 年代的老人自杀多是由于代际冲突所导致。那个时期内，不但老人的自杀现象颇多，而且儿媳妇自杀现象也较多，原因是那时老人还有一定的家庭地位。但也就是从那个时期开始，代际关系日渐发生明显的变化，即老人的

---

① 李新华：《"代"的时代》，《当代青年研究》1988 年第 5 期。

② 沈关宝：《一场悄悄的革命——苏南乡村的工业与社会》，云南人民出版社 1993 年版，第 212 页。

③ 严云翔：《私人生活的变革：一个中国村庄的爱情、家庭与亲密关系：1949—1999》，龚小夏译，上海书店出版社 2006 年版，第 201—208 页。

家庭地位和家庭权威趋向降低。那时，老人的自杀可以形成村庄公共事件，这也反映了当时村庄舆论具有较强的压力。在笔者对 Y 村的调查中，70 年代末期 80 年代初也发现了两位老人自杀的案例，这两位老人的自杀，也具有较强烈的反抗意义。

随着时代的变迁，农村老人自杀现象也发生变度。陈柏峰进而指出，80 年末期开始村中老人的愤怒型自杀现象减少，老人自杀一般通过静悄悄的方式进行，代际关系日渐疏离，老人日渐被弱势化，不孝现象明显增多。当老人的自杀不再能够引起他人关注之后，老人遇到子辈不敬之后，也就不再进行抗争，而是以"安静"的方式结束生命。① 如果从冲突角度看，老人这种"安静"方式的自杀，可以被看成一种消极的行动方式；而前一阶段激烈型、公开型的自杀，则可以被看作是"积极"② 的行动方式。

第二，诉讼。如果说，自杀是一种最为严重、最为极端的行动方式的话；那么，在家庭代际冲突中，老人将子辈告上法庭，也是相当激烈的行动方式。在农村社会中，村民解决冲突的逻辑并非法律，而是村庄的社会性力量，或者说"习惯法"。③ 正如费孝通指出的，"无讼"④ 是中国农村社会的一个特点。然而，当社会结构迅速发生较大变迁之后，当老人在家庭代际冲突中，无法通过既有农村社会力量约束子辈行动，当使用一些旧有方式失败之后，老人最终拿起在农村社会中本不该拿起的法律武器。在严云翔的研究中，作者指出了一位老人诉讼子辈的案例，原因是儿子、儿媳妇对老人的长期虐待，而且冲突长期不能得到解决，因此，老人将儿

---

① 陈柏峰：《代际关系变动与农村老年人自杀——对湖北京山农村的实证调查》，《社会学研究》2009 年第 4 期。

② "积极"在这里的含义是，老人会极力将冲突事件公开化，即使自身难以向子辈施加暴力，但为了表达对家庭代际关系的不满，也会通过转向对自我实施暴力来完成这种愤怒的抵抗行动。

③ 由于农村社会是以血缘关系、姻缘关系、地缘关系所结成，因此村民之间有着很高的熟悉程度，我们通常将农村社会称为熟人社会。在熟人社会中的处世规则不同于陌生人社会。一般来说，农村有一些德高望重的老人，他们会出来调解家庭纠纷。另外，亲戚和村干部也会对家庭纠纷进行调节。而且，在村民长期的共同生活中，人们积累了一些较为固定、一致的方法，就是笔者所讲的"习惯法"。

④ 有关"无讼"的详细解释，参见费孝通《乡土中国生育制度》，北京大学出版社 1998 年版。

子、儿媳妇告上法庭。[①]

第三，语言暴力。若我们将老人自杀看成最激烈的行动方式，将诉诸法律看成最"无情"[②]的行动方式；那么，老人在家庭冲突中所经常发生的骂架、吵架、言语威胁等，可谓是一种语言暴力，而且是指向子辈的语言暴力。尚会鹏在其分家研究中，就曾经讲到过一个婆媳冲突的案例，在代际冲突中，老人使用了语言威胁的暴力行动方式。冲突起因于婆媳之间因为孩子喂奶的事情，当时媳妇骂了婆婆。受到委屈的婆婆要求儿子打媳妇，如果儿子不打的话，婆婆就要以"一头撞死"作为威胁，结果儿子打了媳妇，但继而引发了更大的冲突。那么，撇开最后事件的处理结果，单就看老人在冲突中的反应，我们不难看出，老人的行动方式还是颇为激烈的。[③]

实际上，关于老人在代际冲突中的既有行动研究，大多不是以代际冲突中的老人行动研究为主题，而是散布在一些相关研究之中。以老人在代际冲突中的行动为主题的研究颇为鲜见。此种状况为本书提供了深入分析的空间，但同时也引发了研究的困难，即无法获得更多文献资料的支撑。

五 文献简要评述及对本书的启示

在上述文献梳理中，笔者实际上已经对既有文献进行了简要评述，为了便于对之进行整体性评价，现将以上的文献梳理整合一起进行全面性概述，以指出既有文献的不足之处，提炼出对本书的有益启示。

以往文献对代际冲突的一些根本性特征进行了剖析。诸如婆媳之间对儿子的争夺、婆媳之间的角色冲突、婆婆与媳妇的社会化过程的不同、婆媳之间的非血缘关系等，这些都容易导致代际冲突的发生。然而，随着社会结构的变迁，代际的冲突程度是否会发生变化呢？既有文献并未做出解释。

关于家庭代际冲突的既有研究，较多关注了冲突事件的静态特征，而

---

① 严云翔：《私人生活的变革：一个中国村庄的爱情、家庭与亲密关系：1949—1999》，龚小夏译，上海书店出版社 2006 年版，第 201—208 页。

② 在农村社会生活中，村民一般按照"习惯法"进行交往以及解决冲突，村民之间不愿意通过法律解决冲突，当然家庭冲突就更不希望通过法律解决。但当老人在家庭中、村庄中实在难以解决代际冲突时，他们则必须表现出"无情"的一面。需要指出的是，他们的"无情"是一种被逼无奈的最后选择。事实上，大多数老人并非希望将亲情沦为"无情"。

③ 尚会鹏：《中原地区的"分家"现象与代际关系——以河南省开封县西村为例》，《青年研究》1997 年第 1 期。

却较少关注冲突的变化过程。也就是说，有关家庭代际冲突的静态性研究较多，而动态性研究较少。另外，在婆媳冲突研究中，学者们较多地指出了婆媳双方的冲突过程，但却较少关注冲突事件中其他家庭成员的卷入过程。因此，既有关于家庭代际冲突的文献，对于家庭代际冲突的分析仍留有在研究和分析的空间。

现有关于代际冲突中老人行动的研究多表现在老人自杀的研究文献中，其他研究散落在一些代际冲突研究之中，但其研究似乎并未明确指出，老人的行动是彰显其自身价值诉求的一种行动。因此，既有研究的不足之处就是较多地关注了老人的生存状况，但却有意无意地忽视了他们的行动特征、行动策略以及价值诉求。在相关农村老人的研究中，我们难以听到、看到老人行动的主动性；而更多看到的是在社会结构变迁中老人逐渐被弱势化的过程和结果。

对经济资源的争夺能够引起代际冲突。空巢家庭增多，家庭代际关系逐渐表现为外化现象；老人在代际关系日渐理性化，代际的交换过程呈现双向作用；家庭功能日益弱化；子辈独立性增强，代际的关系呈现民主化趋势；代际关系向下倾斜严重；市场经济、居住方式、家庭模式以及传统文化等对家庭代际关系形成很大的影响。社会经济制度发生变迁以后，子辈越来越脱离父辈所熟悉的生活范围，在工业化的进程中，子辈日渐工作、生活在城市之中，子辈的经济收入、文化观念等与父辈产生很大差距。他们将更为关注自我小家庭的生活。传统孝道的价值体系亦发生了变化。代际经济交换、文化交换都发生很大变化，这种变化使得代际产生了较多的矛盾。上述这些观点都可以为我们的分析提供有益的启示。

本章小结

本章重点阐述了问题提出、研究意义以及文献综述内容。第一，核心问题。通过阅读农村老人方面的文献资料以及调查资料发现，老人与儿子、儿媳之间存在诸多的冲突，而且，改革开放至今，老人在代际冲突中的行动方式有所不同。在整理文献资料、调查资料后，笔者提炼出本书的核心问题，即改革开放至今老人在家庭代际冲突中的行动方式变迁。第二，研究意义。本书通过对农村老人在冲突中的行动方式的分析，可以丰富对代际关系理论、家庭理论以及冲突的研究。分析农村老人在冲突中的行动方式,有助于我们深入地了解他们的内心世界,也有助于为农村及农村老人政策的制定和完善提供依据,以便我们能够更好地敬老。第三,文献综述。通过阅读既有关于农村老人、家庭关系、家庭结构、代际关系、冲突等方面的文献,整理出了以往文献对本书的启示以及其不足之处。

第二章　研究设计

本章主要围绕五个方面进行分析：第一，简要地介绍被选取调查点的基本情况；第二，将交代资料收集的过程，并介绍被采访老人的基本情况；第三，界定一些核心概念；第四，交代本书使用的方法；第五，介绍本书思路和章节安排。

第一节　调查点的选取与资料收集

一　调查点的选取

S 县位于安徽省中部地区，西邻霍山县、岳西县，北临六安市、肥西县，东临庐江县，南邻桐城市、潜山县，东部经济状况优于西部地区，山地面积占全县面积 52%，丘陵面积占全县面积的 20%，全县人口 100 万，其中农业人口 87 万。[①]

Y 村地处丘陵地区，属于典型的以农业生产为主的村庄。当地以种植水稻、棉花为主要粮食作物，也种植一些大豆、油菜等农作物。由于地理条件等原因，当地没有发展起乡镇企业、村办企业。因而，一直到现在，当地在家的村民基本上以务农为主。当然，现在的务农人口主要是老人，因为绝大多数中青壮年人已经走出村庄，奔向城市进行务工。近年来，当地村民响应政府号召，开始种植板栗。水稻是主要粮食作物，所以当地百姓以食用米饭为主。但据村民们说，种植水稻也就仅仅能够保持温饱问题，并不能够提供更多的经济剩余；而板栗的种植倒是可以为村民带来一些经济剩余。村民告诉笔者，板栗种植投入小，但收获较好，每家每年大

---

① http：//www. shucheng. gov. cn/yxsc/web_ view. php？ ty =2.

都能够获得四五千元的收入。因为当地没有乡镇企业、村办企业，板栗收入对以务农为主的老人来说，仍然是一笔不小的经济收入。

改革开放之前，中国农村地区基本上以农业为主。而改革开放之后，由于受到各地区地理条件、文化状况以及国家发展重点的不同，我国农村出现较大分化，例如一些地区出现了"城中村"、"企业村"等。当然，农业型村庄仍然占主要部分。笔者所调查的 Y 村就属于典型的农业型村庄。

二 资料收集

怀着对于农村问题、农村老人问题的思考，笔者对安徽省 S 县 Y 村进行了三次实地调查。

Y 村是一个风景秀丽、环境幽雅的小山村，村中有很多池塘。因为村中有山，所以住在高处的村民视野非常开阔；因为几乎家家门口都有池塘，池塘中有水，使得村庄具有灵气；池塘中有鸡鸭鹅，使得村庄中较为有生气。但是，村庄中唯独少有青年人，而大多数则是孤独的老年人。尽管 Y 村自然风景秀丽，但却人气不足，没有人气的自然风景显然失去了很多热闹的景象。在自然风光中，笔者领略到那种人与自然的和谐；然而，在孤独的老人身上，笔者却感受到村庄的某种衰败和凋零。应该说，这就是笔者初入 Y 村的真实感受，是一种非常复杂的心情。

因为此村是笔者师弟的家乡，在师弟陪同下，寻找被调查者比较顺利。怀着急切的心情，一到 Y 村后，当天晚上笔者就开始向师弟的父亲询问村中老人的一些情况。但接下来问题出现了，笔者根本难以听懂方言。突然间，笔者发觉这是一个至关重要的难题。如若听不懂方言，那又如何调查呢？笔者岂不成了"聋子"？好在师弟是当地人，可以帮忙做翻译。在磕磕绊绊对话中，笔者完成了第一次采访。

对于笔者的这次探索性调查，对当地情况不熟悉也是一个难题。由于笔者不了解当地的民风、民俗，出于对被访者的尊重，笔者不敢乱提问题，以免触犯到老人们，这样使得谈话过程并不流畅。尽管被访者是师弟的乡亲，但毕竟对笔者来说，与老人们还是第一次见面，所以，他们很难建立起对笔者的信任，有很多问题他们不愿过多回答。并且较为遗憾的是，笔者在这次调查前并未形成明确的问题意识，这使得该次调查较为表面化，所以只能说是一次探索性调查。

结束第一次调查之后，笔者回到学校开始整理录音资料，尽管不够深入，但这些资料让笔者对 Y 村和 Y 村老人的基本情况有了较为全面的了解。在整理这些录音资料时，一些问题渐渐浮现出来，那就是为什么美丽的小山村变成了凄凉的老人村？当前，老人们与子辈的关系如何？老人在家庭事务中是否还有话语权？改革开放30多年来，家庭代际关系是否发生了变化？老人的家庭地位是否发生了变化？他们是否采取了一些行动策略？在反复研读文献和已有调研资料基础上，并且在与导师、师弟、师妹的多次讨论中，笔者终于将研究问题聚焦，那就是：第一，在家庭代际冲突中老人的行动方式都发生了哪些变化？第二，从社会学的角度看，为什么会发生这些变化？在明确了这个核心问题之后，笔者再次前往 Y 村进行实地调查。

因为有了第一次调查的经历，所以第二次调查时方言已经不再是主要障碍了；加之笔者对被访者也熟悉了一些，他们对于笔者的提问也不再那么谨慎和抗拒；再者笔者的问题已经明确，因此第二次实地调查过程较为顺利。笔者首先回访了第一次被访的20多位老人，然后又追加采访了一些老人。之后，论文撰写过程中笔者到 Y 村进行第三次回访，还多次通过电话询问，完成整个资料收集。前后几次实证调查为本书研究的开展提供了坚实基础。

三 个案简介

笔者在安徽省 S 县 Y 村共计采访38 位农村老人。80 岁（含 80 岁）以上的老人8 位，男性3 位，女性5 位；70（含 70 岁）—80 岁的老人10位，男性老人4 位，女性老人6 位；60（含 60 岁）—70 岁的老人10 位，男性老人5 位，女性老人5 位；60 岁以下的老人10 位，男性老人4 位，女性老人6 位。年龄结构从 54—85 岁，曾任村主任 3 人，现任村主任 1人；曾任妇女主任 2 人，现任妇女主任 1 人；曾任生产队队长 1 人，曾任民兵排长 2 人，曾任妇女组长 1 人；现任村医生 1 人。党员 7 人，群众 31人。38 位被采访老人的基本情况如表 2 - 1 所示。

表 2 - 1 被采访者基本情况

编号	姓名	性别	年龄	文化程度	政治面貌	曾任职务	现任职务
1	王德胜	男	85 岁	私塾四年	党员	村主任	无
2	张大勇	男	83 岁	文盲	群众	无	无
3	刘胜利	男	84 岁	私塾一年	群众	无	无

续表

编号	姓名	性别	年龄	文化程度	政治面貌	曾任职务	现任职务
4	夏丽珍	女	84岁	私塾两年	党员	妇女主任	无
5	陈秀丽	女	82岁	文盲	群众	无	无
6	张丽梅	女	83岁	文盲	群众	无	无
7	王光美	女	85岁	文盲	群众	无	无
8	刘翠梅	女	84岁	文盲	群众	无	无
9	刘天云	男	77岁	私塾两年	党员	村主任	无
10	赵海洋	男	78岁	文盲	群众	无	无
11	李运来	男	74岁	私塾一年	群众	民兵排长	无
12	张世来	男	74岁	文盲	群众	无	无
13	王世奇	女	73岁	文盲	群众	无	无
14	赵秀翠	女	73岁	私塾两年	党员	妇女主任	无
15	刘美丽	女	75岁	文盲	群众	无	无
16	张翠娥	女	77岁	文盲	群众	无	无
17	赵美丽	女	72岁	文盲	群众	妇女组长	无
18	李翠珍	女	71岁	小学一年	群众	无	无
19	王胜天	男	68岁	小学二年	群众	生产队长	无
20	李兆庆	男	67岁	文盲	群众	无	无
21	陈坤生	男	65岁	小学五年	党员	村主任	无
22	刘大勇	男	60岁	小学三年	群众	无	无
23	刘定云	男	62岁	小学五年	群众	民兵排长	无
24	夏翠娥	女	64岁	小学一年	群众	无	无
25	陈美翠	女	61岁	小学二年	群众	无	无
26	赵丽娥	女	60岁	文盲	群众	无	无
27	陈浩秀	女	60岁	小学二年	群众	无	无
28	刘大梅	女	62岁	小学一年	群众	无	无
29	张德生	男	57岁	小学五年	党员	无	村主任
30	赵国庆	男	58岁	小学三年	群众	无	无
31	刘建立	男	57岁	小学五年	群众	无	村医
32	李胜利	男	55岁	小学四年	群众	无	无
33	陈丽珍	女	57岁	小学二年	群众	无	无
34	陈宝丽	女	58岁	小学一年	群众	无	无

编号	姓名	性别	年龄	文化程度	政治面貌	曾任职务	现任职务
35	张丽翠	女	57 岁	文盲	群众	无	无
36	赵秀娥	女	54 岁	初中二年	党员	无	妇女主任
37	李连珍	女	58 岁	文盲	群众	无	无
38	张美恩	女	58 岁	小学三年	群众	无	无

说明:

1. 为遵循学术伦理规范,保护被调查者的隐私,上述姓名全部为化名。

2. 有些被访的老人仅仅讲述自身的情况,有些被访的老人仅仅讲述他人情况。①

第二节　概念界定与研究方法

一　概念界定

(一) 农村老人

陈功指出,在不同历史社会背景、文化背景下,"老"有着不同的含义。但从根本上说,老人的划分取决于其社会含义。现在我们一般认为超过 60 岁的人被称为老人;但在原始社会中,由于人的寿命较短,可能超过 30 岁的人,就可以称为老人了。因此,老人尽管是从年龄上进行划分,但在不同的历史背景下、社会背景下,老人的真实含义还要取决于其社会意义。②

一般认为,年龄超过 60 岁的人就被称为"老人",或者说老年人。这是一种从生理年龄划分的方法。本书中笔者使用的概念是"老人"而非"老年人",这里的"老人"主要不是指生理年龄上的老人。本书中"老人"的含义虽然与年龄有关,但不完全为 60 岁的标准,而主要是遵循"老人"社会意义上的划分。在农村社会中,人们称呼那些子辈已经成家的人为"老人",即使这个"老人"年龄很轻,村民们也照样称呼他为"老人"。这就是本书中"老人"的含义。

本书是一项历时性研究,主要关注的是社会结构变迁对代际关系的影

---

① 因为此项研究涉及的是家庭冲突事件,许多老人出于家丑不可外扬,以及恐怕他们的回答给自身造成麻烦,因此,他们拒绝回答自家的冲突事件,但愿意回答别家的冲突事件。笔者发现,这也是一种获得信息的有效手段。

② 陈功:《我国养老方式研究》,北京大学出版社 2003 年版,第 37 页。

响。由于 60 岁左右的老人与子辈之间的冲突较为突出，因此，在本书中，从生理年龄上来看，我们主要分析的是老人在其 60 岁左右时与其子辈之间的冲突情况，以及其行动方式。当然，笔者是通过采访当前不同年龄段老人来完成研究的，例如通过采访从 50 多岁至 80 多岁的老人，让他们回答其在 60 岁左右时，与子辈之间的冲突和行动。

（二）代际冲突

代际关系有广义和狭义之分，广义指整个社会一代与一代之间的关系；狭义代际关系就是指家庭代际关系。在家庭代际关系中又包括家庭代际冲突和家庭代际和谐等方面。本书重点讨论的是家庭代际冲突。本书中的代际双方指包括父亲、母亲的长辈与包括儿子、儿媳妇的子辈，主要探讨他们双方之间的冲突情况。其他家庭成员的代际冲突，本书不予以讨论。在本书中，冲突可以是激烈的冲突，例如打架、吵架、自杀等；也可以是温和的冲突，例如争论、生闷气等；冲突可以是公开的冲突，例如街头谩骂等；也可以是私密的冲突，例如屋内争论等。但是，冲突的一个重要前提，就是代际双方都知晓冲突的存在，也都能够感受到冲突的力量。

本书的主题是揭示老人在家庭代际冲突中的行动方式，但行动限定在家庭代际冲突、代际关系之内，而并不研究老人在其他社会关系中的行动。本书主要探讨老人与已经成家儿子之间的关系，而不关注老人与未成家儿子之间的关系。此项研究中的家庭代际关系指父子关系、母子关系、婆媳关系、公媳关系等。尽管这四种关系的冲突情况有所差异，一般来说，婆媳冲突较多发生，而相对来说其他三种关系的冲突则较少发生，但若从社会结构变迁对代际关系、代际冲突影响的角度来看，四种关系的冲突有很强的相似性。虽然从学理上可以将这四种冲突进行单独分析，但在现实的农村家庭生活中，这些冲突经常缠绕在一起，例如，由于婆媳关系导致的冲突，常常也会把父亲、儿子卷入进来，最后形成以小家庭为一方、父母家庭为一方的代际的冲突。正是由于上述原因，在此项研究中，笔者并未将这四种关系分开来进行单独解释，而是将之合并在一起进行分析。而且，整体性地进行分析也有助于将冲突事件的过程描述得更为清楚。

（三）行动方式

行动方式是本书的一个关键概念，是指农村老人在家庭代际冲突中所表现出的行动。老人在家庭代际冲突中的行动，不同于他们在其他社会关系中的行动。其他社会关系中的行动，可以是毁灭对方，如与敌人之间的行动可以消灭对方；也可以伤害对方，如弱者可以对竞争对头进行一定程度的伤害。但家庭代际冲突中老人的行动方式，一般不具有上述的含义，他们行动的目的仅仅是为了警醒子辈，希望他们能够更好地孝敬他们、服从他们以及保护子辈。

冲突中的行动方式有多种类型，例如有从互惠的角度来解释冲突，也有从对抗的角度来分析冲突。本书主要从对抗的角度来揭示老人在冲突中的行动方式，而不关注其他类型的行动方式。本书主要从行动强度、烈度、公开度等方面进行分析。就行动强度来说，可以从能量消耗程度、情感卷入程度两个角度进行透视；就行动烈度来说，可以从使用暴力角度去管窥，而且暴力方式又具有两个面向，即面向自我与面向子辈；就行动公开度来说，可以从行动的物理空间变动和社会空间转向进行分析。

二　研究方法

(一) 深度访谈法

本书主要探讨老人在家庭代际冲突中的行动策略，需要关注家庭代际的冲突事件。家务事本来就是一件较为私密的事情，而冲突事件更不愿意为人所知，尤其是对于笔者这位非本村的外人。因此，笔者是在多次与被访者接触，取得他们的信任后，才能够顺利进行采访，并获得了宝贵的一手资料。因为本书关注的时间跨度为 30 多年，所以基本上采用追述的方式进行，即让老人回忆当年的家庭代际冲突事件。由于追忆有可能导致信息失真、遗漏，所以笔者针对同一冲突事件，进行多人采访以便佐证事实。

另外，一些较为私密的冲突事件，由于被访者不愿意讲，即使笔者与他们很熟悉了，他们也拒绝回答，但事件又非常具有典型性。因而笔者就采用让知道事件的他人来讲述冲突的过程。虽然这不是一种最优的方法，但却可以获得不少有用的信息。当然，这些资料仅为研究所用，而且在行文中会进行技术处理，以保护当事人的隐私。

(二) 参与观察法

相比较而言，深度访谈法可以较快地获取大量的信息，而参与观察法则很难有针对性地获得大量信息。然而，参与观察法却可以佐证深度访谈法的一些信息，例如，一位老人告诉笔者，他已经不干农活了，可是笔者在村里就看到他去地里干活。笔者原以为他说了谎，后来得知，原来他所说的不干农活是指不去稻田干活了，而山上的一些有关板栗方面的活还干。因而，这种参与式观察就可以弥补深度访谈的一些不足。其次，有些被访者的确存在隐瞒信息、提供假信息情况，例如一位老人告诉笔者，她儿子、媳妇过节都来看她，但笔者观察到，在中秋节的时候，她家儿子、儿媳并没有去看她。总之，与被访者生活在同一空间，深入观察他们的生活，可以获得更为真实、详尽的信息，为研究提供坚实的材料。

（三）文献资料法

通过查阅农村研究方面的文献，笔者了解了农村社会结构的一些基本特点，例如，农村风俗、习惯、社会关系等；通过阅读农村老人研究方面的文献，笔者知晓了他们的行为特征；通过研读家庭研究方面的资料，笔者明白了家庭的功能、结构以及变迁等；通过阅读冲突理论的文献，笔者清楚了引起冲突的因素是什么，以及为什么冲突会发生变化等。另外，一些文献还为本书提供了一些分析的维度。总之，所有这些相关文献的阅读，为本书的开展打下了坚实基础。

第三节　研究思路与章节安排

一　研究思路

本书以农村老人为主要研究对象，以老人在家庭代际冲突中的行动方式为研究主题。对农村老人在家庭代际冲突中的行动方式进行分析，研究的时间跨度为改革开放至今的30多年。本书的问题是，在改革开放至今的历史时期内，农村老人在家庭代际冲突中的行动方式是什么？他们都动用了哪些资源作为行动的策略？他们行动背后的价值诉求是什么？围绕这些问题，本书具体展开以下问题：

第一个子问题：改革开放至今，老人在家庭代际冲突中采取了哪些行动方式？他们采取的行动方式是否发生了变化？

第二个子问题：改革开放至今，老人在家庭代际冲突中，他们动用了哪些物质资源、人际资源、舆论资源来支撑其在冲突中的行动？他们的行动策略选择是否发生变化？为什么会发生变化？

第三个子问题：改革开放至今，老人在家庭代际冲突中行动的真正动机是什么？他们究竟为了何种价值诉求？他们的价值诉求是否发生变化？

以及为什么会发生变化？

第四个子问题：从结构层面看，为什么不同时期的行动方式会有变化？

回答了不同时期内老人在家庭代际冲突中的行动方式，并且从结构层面对之进行解释，也就较为完整地回答了本书的主题。改革开放以来中国社会发生了翻天覆地的变化，农村代际关系也在这一过程中悄然发生了变化，作为家庭代际关系主体之一的老人，其行动方式也在悄然发生变化。本书主要从老人的视角出发，通过详细询问、参与观察，力争能够深入到老人的内心世界中，挖掘出他们行动方式的真正动机，使得我们能够更为清晰地认识农村老人，进而去尊敬老人、帮助老人。

二　章节安排

本书共分七章，具体内容如下：

第一章　导论

家庭作为社会细胞，历来是社会学关注的重要领域，家庭代际冲突也是一个重要的问题。本章提出了老人在代际冲突中行动方式变迁的研究问题，对既有家庭代际关系、代际冲突、老人行动等相关文献进行了梳理，并说明了这项研究的理论意义和现实意义。

第二章　研究设计

本章说明了实地研究调查点选取的原因以及被调查对象的基本情况；主要介绍笔者所使用的研究方法，即深度访谈法、参与观察法以及文献资料法；并呈现出本书的思路和章节安排。

第三章　代际冲突及老人行动方式变迁

本章主要讨论改革开放至今，老人在家庭代际冲突中的行动方式发生了哪些变化。通过整理调查资料后发现，他们的行动特征主要表现为弱化与私密化的过程。本章将主要呈现随社会结构的变化，老人行动方式变迁的一个全景图。

第四章　老人行动的策略选择

第三章的分析发现，随着社会结构的变迁，老人在家庭代际冲突中的行动方式呈现出弱化与私密化的特征；那么，他们在行动中都动用了哪些资源？这是本章重点回答的问题。

第五章　老人行动的价值诉求

作为行动主体，老人的社会行动背后的价值诉求是什么？通过整理资料发现，他们的价值诉求主要有经济、权力、情感和声望四个方面。我们还发现，随着家庭代际关系的转变，他们的价值诉求亦发生变化。那么，改革开放以来，老人行动的价值诉求都发生了哪些变化？这是本章重点探讨的问题。

第六章 社会结构变迁与老人行动

本章重点讨论行动变迁背后的社会结构原因，将行动逻辑放在社会结构变迁的逻辑下进行透视，或者说，从社会结构变迁的逻辑下窥探行动逻辑变迁。

第七章 结论与讨论

本章将在总结前述章节的基础上提炼出本书的结论。另外，还将对相关理论问题和现实问题进行讨论，并指出本书的贡献与不足。

本章小结

本章重点阐述了调查点的选取、资料收集、概念界定和研究方法四个方面的内容。第一，笔者选取了安徽省 S 县 Y 村作为本书的调查点。简要介绍了本书中的 38 位被访老人的基本情况。第二，为做好此项研究，笔者对 Y 村进行了多次的实地调查，调查时间累积数月之久，在调查中虽遇到诸多困难，但最终完成了调查。第三，笔者对本书中的核心概念，诸如农村老人、家庭代际冲突、行动方式等进行了界定。第四，对本书使用的研究方法，进行说明。本章结尾部分交代了本书的思路，以及章节安排。

第三章　代际冲突及老人行动方式变迁

本章主要围绕四个方面展开：第一，将讨论在社会变迁过程中，Y村老人在家庭代际冲突中行动方式变化的基本情况；第二，将对改革开放至今的时期内，老人在家庭代际冲突中的行动强度变迁进行讨论；第三，将对老人在家庭代际冲突中的行动烈度变迁进行分析；第四，将对老人在家庭代际冲突中的行动空间转向进行阐述。

第一节　社会变迁中Y村老人的冲突行动

一　社会变迁中的Y村

中国幅员辽阔，各地区经济、文化、社会基础以及发展有着很大的差异，各地农村的状况亦存在差异。从传统社会来看，中国农村的基本情况没有根本性的差异，基本上都以农业生产为主，是以血缘关系、姻缘关系、地缘关系结成的熟人社会结构。然而，改革开放以后，由于各地农村地理位置的不同、文化的差异，以及国家发展重点不同，各地农村在改革开放之中发生了分化。

沿海地区作为改革开放的"排头兵"，当地农村迅速享受到了改革发展的成果，尤其是一些"城中村"的村民，缘于其地理位置的重要性，村民通过租房等途径迅速富裕起来。由于耕地被城市发展所征用，所以这些农民事实上已经不再是传统意义上的农民。另外，江浙地区的一些农村，由于当地有着有利的地理条件和商业文化，因此，在改革开放中，村民们逐渐发展起了乡镇企业和村办企业，他们也迅速富裕起来，也放弃了农业生产。还有一类农村就是位于中西部地区的农村，由于地理条件的限制，商业文化欠发达，强有力的儒家文化大传统，较为发达的农业生产基础，以及国家经济发展的政策导向等因素，这类农村在改革开放以后，当地经济发展没有出现迅速的变化。① 因此，外出务工就成为他们发家致富的首要选择，笔者所调查的 Y 村就属于这一类型。需要指出的是，Y 村地处丘陵地区，当地耕地资源有限，农业生产状况不甚理想，因而 Y 村的经济贫困程度一直较为严重。

Y 村地处安徽省中部地区的丘陵地带，人均耕地面积不足一亩，当地农作物以水稻为主。改革开放初期，Y 村农民一般一年种植两季水稻，20世纪 90 年代之后，村民开始每年种植一季水稻。水稻收入基本能够维持村民的温饱问题，但没有更多的经济剩余。由于当地有着大量的山地，长期以来，山地都没有被村民利用起来。近年来，村民响应政府号召，开始在山地上种植板栗。板栗投入很少，而收入颇丰，一般来说，每户家庭的板栗年收入可以达到四五千元。可以说，板栗的种植真正使得农业生产具有了一定的收入剩余。而之前的农业生产只是解决基本生存问题。简言之，改革开放至今，Y 村一直以农业生产为主，是非常典型的农业型村庄。

从 Y 村到外界的交通非常不便，改革开放初期，道路都是崎岖、狭窄的山路，即便到现在，交通仍然不是十分便利。因此直到当前，Y 村都没有发展出地方企业，养殖业也没有发展起来。村民的生活全部依靠农业生产。由于 Y 村人均耕地面积较少，土地质量较差，农业产量普遍也不高，因此村民的生活水平整体较低。正是由于村庄经济的落后，所以其住房条件也较为简陋。改革开放初期，当地大多数家庭都住茅草屋，即使到现在，村庄仍存在部分村民住茅草屋，改革开放初期的 Y 村生活非常贫困。

20 世纪 80 年代中期，一些不愿忍受贫困生活的村庄精英②，开始逐渐向外界寻求发展经济的渠道。调查显示，这一时期内 Y 村有少量村民已经开始到附近县区务工赚钱，虽然当时的工资水平很低，但已经对村民产生了很大吸引力。到 80 年代中后期时，外出务工人数急剧增多；90 年

---

① 笔者并不是说当地农村没有发展，而是相比沿海地区，其发展速度相对较慢。

② 村庄精英，也可以被认为村庄能人，他们不愿接受当下的贫困生活，敢于挑战新的生活，因此，这些人便积极走出去，获得一些农业之外的收入。调查中笔者发现，赵国庆就是一个较为典型的案例，早在人们还在全部依靠务农为生的时候，他就开始到外县区打工，干修路、修桥的事情，后来还大胆地干起承包活，因此他成为村庄中第一个富裕起来的人。之后，村庄中便逐渐有人学赵国庆，也开始积极到外界寻求致富的门路。虽然不是所有人都如同赵国庆一样，获得了经济上的较大成功，但他们的经济收入都显然超过在家务农的村民。应该说，Y 村中的这批人带动了整个村庄外出的潮流。至此，村民逐渐将生活转至外界。

代初期，村民开始大规模流动。

随着村民向外的流动，农业生产也逐渐发生变化。80 年代初期，Y 村种植两季水稻，到 90 年代就开始种植一季水稻，原因就是，很多青年子辈已经放弃农业生产，迫使老人放弃种植两季水稻。① 当然，子辈放弃农业生产也是一个渐进的过程，逐步由当初的季节性务工、季节性务农，转变为全年性务工；由种植家庭中所有耕地，转向仅仅种植部分耕地。当前，绝大多数青年子辈已经完全退出了农业生产，而农业生产主要由老人承担。

二 Y 村的家庭代际冲突

20 世纪 80 年代初期，Y 村实行了分田到户，家庭重新恢复了农业生产的功能，家庭生活发生很大变化。

分田到户之后，家庭的生产积极性得到极大提高。但需要指出的是，家庭代际关系也发生了变动。尤其是父辈与已成家的儿子、儿媳妇之间的关系发生了很大的变动。虽然农业联产承包责任制规定将耕地分配给每户的家长，但在 Y 村实际生活中，一旦子辈成家，尤其是分家之后，子辈迅速要求将属于自己的土地领走，独立耕种。尽管家庭代际存在着颇为密切的互助关系，但子辈与父辈在生产上、生活上已经形成两个独立的家庭单位。由于子辈生产的独立性，且其农业劳动能力较强，使得他们逐渐脱离父辈的掌控，老人家庭权威在此过程中受到很大冲击。需要指出的是，在这一时期内，子辈并未外出务工，他们的生活仍在村庄之内。由于家庭代际存在诸多联系，加之，秉持传统家庭观念的老人对于家庭权力的留恋，以及当时经济资源的极度匮乏，导致这一时期内家庭代际的冲突尤为激烈。

尽管 Y 村的经济条件非常贫困，但家庭人口数量较为庞大，由于改革开放之前的中国社会并未实行计划生育政策，所以到改革开放初期时，家庭人口数量规模很大。被访的老人家庭中多是三四个儿子、两三个女儿的规模，有些家庭子女数量更多。因此，老人与诸多儿子之间形成了相当复杂的关系。由于家庭经济条件非常贫困，在分家中，儿子之间对于家庭

---

① 当地水稻一年可以种植两季，但种植两季水稻的劳动量非常大，据老人们讲，当初他们种植两季水稻时，全年就没有农闲时间，几乎整年都在田间劳作。当时，村民们之所以要种植水稻，一是当时村民主要以务农为主，靠农业收入为生；二是当时由于农业技术落后，水稻产量较低，因此要通过种植两季水稻维持生活。

资源的争夺较为激烈，由此形成兄弟之间的冲突，甚至兄弟之间因分家而大打出手的现象颇为常见。与此同时，在分家过程中，由于老人的公平程度，抑或子辈认为的公平程度等因素的存在，也导致家庭代际存在较大冲突。分家的纠纷主要表现在对于房产资源和家产资源争夺上，不仅存在兄弟之间的争夺，还存在老人与子辈之间的争夺。

刘胜利，男，84岁，曾经读过一年私塾，家有四个儿子，两个女儿。1984年，他四个儿子都已经成家。刘胜利看到四个已经成家的儿子在一起生活不行，都不好好干，矛盾很多。他认为没有办法，必须要分家。于是，他提出了分家方案，即每个儿子一间茅草屋，小儿子同老人一起住，不分家。老人帮他干活，他负责照顾老人。分家头几年大家相安无事，后来，小儿子看到老人不能干了，也要求分家。结果其他儿子不同意了，老人也当然不同意。但是，小儿子却执意分家，结果整个家庭开始闹腾起来。

另外，多子家庭的赡养纠纷也多有发生。例如，被访的老人王德胜告诉笔者，"当分家时，讲好了，每个人一年给三百斤粮食，可是老二就是只给二百斤，那么怎么办呢？老三看到老二就给二百斤，他也不干了，结果吃亏的不还是老人吗？老人就会找他们说事，可是，你要知道，家务事，讲得清楚吗？讲不清楚呀。到头来，受气的还不是老两口子吗？不过老头要是实在过不下去了，他就要闹了。也不管好不好看了。"

多子家庭的经济纠纷多且激烈。老人在与子辈分家之后，实际上代际经济的来往还很多，当勤俭节约的老人看到某个儿子急需帮助时，会毫不犹豫地进行帮助，但这种行为也经常会引发家庭冲突。王光美，女，85岁，家有3个儿子，5个女儿。1985年，王光美与儿子分家，并且将家庭事务进行明确划分。王光美的3个儿子中两个儿子比较能干，但老二不行，好吃懒做。分家后，老二还时常去老人那里拿吃、拿喝的。一辈子勤劳能干、勤俭节约、心疼子女的王光美，总是对老二有求必应。老人本想这样能够使得整个家庭成员都能过上好日子，但没有想到却引发了老大媳妇、老三媳妇的强烈不满。结果导致了家庭矛盾不断发生。王光美说，"孩子都是我生的，咬咬哪个手指头，都是疼的，我能看着他们不管吗？你看，管了，反倒弄一堆气。"

总之，改革开放初期的家庭代际由于分家、隔代抚养、养老、日常生活等方面问题引发的冲突较多。然而，随着外出务工现象的出现，计划生育政策的实施，家庭规模逐渐缩小，家庭关系也日趋简单化。尤其是，当子辈长期务工在城市之后，家庭代际的联系、冲突大大降低，分家现象逐渐丧失了原有的意义。有些家庭甚至不再分家，有些家庭分家后又再次复合，有些家庭即使分家了，当子辈长期外出务工之后，分家在农村社会生活中已经失去了原有的含义。就当前来说，大多数子辈已经不在乎父辈的家产，他们将眼光投向城市，因而分家已经不再是矛盾爆发的导火索。很多家庭矛盾都随着家庭人口规模的变化、生产和生活方式的变化而逐渐降低。

三　代际冲突中的老人行动

上述简要描述了 Y 村中的一些家庭代际冲突事件，我们看到改革开放以来，Y 村家庭代际冲突情况有所变化。那么，老人在冲突中的行动方式有什么变化呢？下面通过一些实际事件，初步展现老人的行动方式。

案例一：王大翠自杀事件。1983 年，Y 村发生一起老人自杀的案例。自杀老人叫王大翠，家有五个儿子，两个女儿。王大翠含辛茹苦地将七个孩子抚养成人，并且都给他们成了家。这对于老人来讲，是件非常不易的事情。① 特别需要指出的是，王大翠在 40 岁的时候，丈夫去世，老太太是一个人将家庭支撑下来。整个村庄的人都认为她是一把好手，也看到她的确不容易，所以，村民也经常帮助她。在王大翠终于将所有孩子的婚事完成之后，本想就此可以享受一下清福了，没想到儿子们都不孝敬，所有孩子都只顾自己的家庭，而不管老人的生活。老人多次要求儿子赡养，和儿子们发生多次冲突依然无效之后，老人无比伤心地离开了人世。老人是通过将头埋在水缸中淹死自己的。事后，Y 村村民纷纷对其儿子进行了严厉的指责。

案例二：张大勇自残事件。张大勇，83 岁，家有 3 个儿子，2 个女儿。1986 年，大儿子、二儿子都已经成家，小儿子还未成家，当时并未分家。张大勇之所以在两个儿子成家后并未马上分家的原因是，他希望大儿子、二儿子能够一起和他帮着将三儿子的婚事完成，然后再分家。但是，大儿子、二儿子成家后，他们都不愿意继续生活在一个大家庭中，尤其是两个媳妇整天是怨言不断。有一次，儿媳妇在背后说张大勇的坏话

---

① 对于如此大的家庭，而且又是那么的贫困，在当时能够给儿子们都娶上媳妇，是一件很不容易的事情。调查发现，有些人是一辈子单身的原因是，家里穷，没有姑娘愿意嫁给他。因此，王大翠能够给五个儿子都娶上媳妇，的确是老人费了所有心血。

时，被他听见了。张大勇非常生气，当即动员全家举行会议，他本想通过儿子说服一下儿媳妇，但他没想到儿子分家的态度更为坚决。为儿子奋斗一辈子的张大勇，哪里受得了这种气？当着儿媳妇的面，不便打儿子，但又非常生气，所以，他毫不犹豫地就对自己狠狠打了两个嘴巴子，而后，扭头就走。之后不久，张大勇就坚决提出要分家，老三的婚事由他自己完成。

案例三：陈秀丽吵架事件。陈秀丽，82 岁，家有 2 个儿子，3 个女儿。1990 年，陈秀丽与大儿媳妇发生激烈的争吵。争吵原因是，大儿媳妇认为陈秀丽对老二家的孩子照顾多，对老大家的孩子照顾少。老大仅仅读到小学三年就辍学了。而老二却考上了大学，老二大学毕业后，在附近县城找到一份稳定的工作。老二有了孩子之后，由于他工作在县城，所以，就要求陈秀丽到县城长期居住，帮助其照顾小孩。但老大的孩子，也需要老人照顾。不过，毕竟老大家的孩子已经 3 岁了，可以由大媳妇自己照顾了。但大媳妇就是看不惯老人整天住在县城不回来，大媳妇怨言很大。所以，每次当陈秀丽从县城回来时，大媳妇就给陈秀丽脸色看。时间长了，陈秀丽也非常恼火，于是，一次在全家聚会时，大媳妇又开始挖苦陈秀丽了，老太太终于忍不住了，开始与大媳妇发生争吵。

案例四：刘大勇争论事件。刘大勇，男，60 岁，家有 1 个儿子，4 个女儿。2008 年，长期在外工作的儿子回家结婚。但刘大勇却因为一些婚礼程序方面的事情，与儿子展开了激烈的争论。刘大勇一辈子生活在农村，虽然也有过外出务工的经历，但其思想还是比较保守，他希望儿子的婚事能够遵从 Y 村旧有的习俗来进行。但是，多年在外工作的儿子显然不同意父亲的观点。因此父子之间发生了一些矛盾。儿子坚持要在婚礼中使用摄影机，老人却认为没有必要。仅仅摄影一项费用就达 1000 多元，老人说："摄影有什么意思呀？要花那么多钱，这些钱我干多长时间才能挣到呀？"不愿接受儿子观点的父亲，始终通过激烈争论来坚持自己的观点。

从这四个案例中我们能够发现，从老人行动的角度看老人在冲突中分别使用了自杀、自残、吵架、争论的行动方式。笔者对 Y 村进行多次调查，历时四月有余，调查到多起家庭代际冲突事件。通过对这些冲突事件资料进行归纳后，笔者梳理出了老人在冲突中行动特征的分析维度，即行动强度①、行动烈度②、行动公开度。③ 在下文中，我们将从这些维度出发，详细分析改革开放至今 Y 村家庭代际冲突中老人的行动特征及其变迁。

在此之前，先从整体上简要概述这一变迁过程的特征。表 3-1、表 3-2 和表 3-3 分别从行动强度、行动烈度和行动公开度三个方面呈现了改革开放至今 Y 村代际冲突中老人行动方式的变迁概况。三个表中的描述都将改革开放至今划分为三个阶段，即 70 年代末期至 80 年代初期，80 年代中后期至 90 年代初期，90 年代中期至今。其中表 3-1 是对 Y 村代际冲突中老人行动强度变动情况的概述。该表中将"行动强度"的变化区分为"能量消耗"和"情感卷入"两个维度的变化情况，每个维度又分为高度、适度、低度三种情况。表 3-2 是对 Y 村代际冲突中老人行动烈度变动情况的概述。该表中将行动烈度区分为面向子辈和面向自我两种方向，用身体暴力、语言暴力、冷暴力三个维度来说明这两个面向行动烈度的变化情况。表 3-3 是对 Y 村代际冲突中老人行动公开度变动情况的概述。该表从物理空间和社会空间两个维度说明行动公开度的变动情况；并将物理空间具体化为街头、门口、屋内三种空间，将社会空间具体化为不回避村民、回避部分村民和回避所有村民三种情况。

改革开放至今，Y 村老人在代际冲突中不同强度、烈度和公开度的行动方式在每个阶段都不同程度地存在，但总体上看，各种行动方式都趋向减少，尤其是高强度、高烈度、高公开度的行动方式减少明显，极端的行动方式逐

---

① 结合达伦多夫对强度的解释，并根据 Y 村老人在家庭代际冲突中的实践特征，本书将强度从能量消耗程度和情感卷入程度两个维度进行划分。从量的不同程度来讲，能量消耗划分为高度能量消耗、适度能量消耗、低度能量消耗；情感卷入划分为高度情感卷入、适度情感卷入、低度情感卷入。将能量消耗、情感卷入划分为高度、适度、低度，仅仅是一种语义学上的划分，虽然这种划分方式并非理想，但也能够对行动强度变化，做出一定的解释。

② 结合达伦多夫对烈度的解释，并根据 Y 村老人在家庭代际冲突中的实践特征，本书中将烈度从暴力的角度进行划分，暴力又可以划分为身体暴力、语言暴力、冷暴力。需要注意的是，每种暴力方式都存在两种面向，即面向子辈的行动方式与面向自我的行动方式。面向子辈的身体暴力包括，使用工具、徒手、虚假动作等，面向自我的身体暴力包括，自杀、自残、虚假动作等；面向子辈的语言暴力包括，骂架、吵架、争论等，面向自我的语言暴力包括，自我漫骂、自我争吵、自我诉说等；面向子辈的冷暴力包括，断绝关系、不合作、不情愿合作等，面向自我的冷暴力包括，躲避、赌气、生闷气等。上述是笔者根据对 Y 村家庭代际冲突中老人的主要行动方式归纳所得。

③ 在本书中，公开度主要从物理空间和社会空间进行划分。物理空间是指街头、门口、屋内等物理场所；社会空间是指同一空间内容纳的人员类型和人员数量，本书中社会空间划分为不回避村民、回避部分村民、回避所有村民的空间。

渐消失。换言之，老人在代际冲突中的行动方式趋向弱化与私密化。

表3－1　　　　　　　　Y村代际冲突中老人行动强度变动概况

行动强度		20世纪70年代末期至80年代初期	20世纪80年代中后期至90年代初期	20世纪90年代中期至今
能量消耗	高度能量消耗	常见	较少	极少
	适度能量消耗	常见	较少	偶尔
	低度能量消耗	普遍存在	常见	常见
情感卷入	高度情感卷入	常见	较少	极少
	适度情感卷入	常见	较少	偶尔
	低度情感卷入	普遍存在	常见	常见

表3－2　　　　　　　　Y村代际冲突中老人行动烈度变动概况

行动烈度		20世纪70年代末期至80年代初期	20世纪80年代中后期至90年代初期	20世纪90年代中期至今
面向子辈的身体暴力	使用工具	8件案例	3件案例	无
	徒手	12件案例	4件案例	1件案例
	虚假动作	普遍存在	常见	常见
面向自我的身体暴力	自杀	2件案例	无	无
	自残	4件案例	1件案例	无
	虚假动作	普遍存在	常见	常见
面向子辈的语言暴力	骂架	常见	较少	极少
	吵架	普遍存在	常见	较少
	争论	普遍存在	普遍存在	常见
面向自我的语言暴力	自我谩骂	常见	较少	偶尔
	自我争吵	普遍存在	较少	偶尔
	自我诉说	普遍存在	常见	常见
面向子辈的冷暴力	断绝关系	1件案例	无	无
	不合作	常见	较少	偶尔
	不情愿合作	常见	常见	常见
面向自我的冷暴力	躲避	5件案例	3件案例	极少
	赌气	常见	较少	偶尔
	生闷气	普遍存在	常见	常见

表 3 – 3　　　　　　Y 村代际冲突中老人行动公开度变动概况

行动空间		20 世纪 70 年代 末期至 80 年代初期	20 世纪 80 年代 中后期至 90 年代初期	20 世纪 90 年代 中期至今
物理 空间	街头	常见	偶尔	极少
	门口	常见	较少	极少
	屋内	普遍存在	常见	常见
社会 空间	不回避村民	常见	较少	极少
	回避部分村民	常见	较少	偶尔
	回避所有村民	普遍存在	常见	常见

说明：

1. 改革初期至今整体上看，Y 村代际冲突事件大大减少，同时，老人在冲突中的各种行动方式也相应大大减少。

2. 就同一时期内来说，与适度的行动方式、低度的行动方式相比，强烈程度最高、公开程度最高的行动方式在三个时期都是较少发生的。

3. 调查中一些极端的行动方式可以数量化地描述出来，当然，由于调查挖掘不深，事件可能有遗漏。但其他方式则无法清晰地数量化表达，只能用"常见""较少"等概念来描述。但也可以大体上反映出老人行动方式的变迁过程。

第二节　行动强烈度的变迁

韦伯《经济与社会》一书对社会行动是这样表述的："'行为'应该是一种人的举止，如果而且只有当行为者或行为者们用一种主观意向与它相联系的时候。然而，'社会的'行为应该是这样一种行为，根据行为者或行为者们所认为的行为的意向，它关联着别人的举止，并在行为过程中以此为取向。"[1] 帕森斯认为，单位行动构成社会行动，从逻辑上讲，行动者、行动目的、社会条件和规范组成单位行动。[2] 也就是说，研究社会行动离不开对行动者本身、行动的价值诉求、社会条件以及社会规范等的分析。社会行动是被赋予社会意义的，且行动发生在社会关系之中，因而

---

① ［德］马克斯·韦伯：《经济与社会》，林荣远译，商务印书馆 2006 年版，第 40 页。

② ［美］塔尔科特·帕森斯：《社会行动的结构》，张德明译，译林出版社 2003 年版，第12 页。

社会行动具有"意向性"，即社会行动具有对他人的指向性。① 老人在家庭代际冲突中做出的行动也是一种社会行动。社会行动是在关系之中的行动，社会行动是具有意义的行动。通过行动分析可以透视其背后的意义，是我们理解老人处境及其主观动机的途径；同时，亦是反映家庭代际关系、社会结构变迁的路径。

　　基于血缘基础的家庭代际关系是社会关系中最为亲密的一种。一般来说，家庭代际的互动是终生的持续过程，也正是因为这种长时的互动过程，导致家庭代际不可避免地始终存在冲突。对安徽省 S 县 Y 村的家庭代际冲突调查主要考察的时间段为，改革开放以来到当前的这段中国社会发生急剧变革的历史时期；主要关注的问题是，老人在家庭代际冲突中的行动方式。调查显示，改革开放至今，Y 村老人在家庭代际冲突中的行动强烈度和公开度发生转变。

一　行动强度的变迁

（一）能量消耗

1. 高度能量消耗

所谓高度能量消耗，是指在家庭代际冲突中，老人投入了较多的精力、力气，试图延长冲突时间，扩大冲突强度，在冲突中极力进行反抗。在子辈务工之前的代际冲突中发现，村中存在部分类似的冲突事件。老人在冲突中投入高度能量。调查显示，80 年代初期在绝大多数子辈外出务工之前的这段时期内，家庭代际冲突的强度较高，代际双方投入的能量亦较高，部分老人的行动方式较为激烈。

　　　个案：张丽梅

　　　问：您当时是如何与儿子、儿媳妇发生矛盾的？

　　　答：当时和媳妇闹矛盾了，我觉得屈得慌，我就使劲地讲，和她吵。有一次闹矛盾，我们吵了一上午，吵得我头疼，中午、晚上都吃不下饭。

　　　问：吵架也很累人吧？

　　　答：哈哈，都是过去的事情了，是很累的。

---

① ［德］马克斯·韦伯：《社会学的基本概念》，胡景北译，上海人民出版社 2005 年版。

80年代初期，父辈与子辈分家以后，有些家庭代际双方共同居住在同一院落内，有些则分别住在不同的院落，但基本上都居住在同一村庄之内。家庭代际的接触、交往较为频繁。他们的社会生活基本上面向村庄之内、家庭之内，因而代际冲突也多有发生。而且，一旦冲突发生，双方都投入较高能量，虽然老人已经不处在绝对的强势地位，但持有传统观念的部分老人依然有着强烈的行动方式。

2. 适度能量消耗

所谓适度能量消耗，即相比高度能量消耗的行动，老人在冲突中的行动已经有所收敛，不再投入全部精力，不再试图将冲突扩大到整个村庄；相反，他们仅仅投入适量的精力和时间。自80年代中期以后，子辈开始季节性外出务工，由于子辈的临时性缺场，因而家庭代际的冲突事件数量减少，同时冲突强度降低。与之相应，老人在冲突中投入的能量亦有所收敛，他们仅仅投入了适度的能量。

> 个案：赵海洋
> 问：能讲一下儿子外出打工之后，您与下辈子①矛盾情况吗？
> 答：儿子们出去打工挣钱了，在家的时间少多了，就是农忙时回来，庄稼收完了，人家就走了。在一起的时间少了，矛盾自然也就少了。再讲了，人家能挣钱了，你还能像以前那样，没完没了地吵嘛。
> 问：那你们有矛盾吗？
> 答：有是有，不过讲讲就是了，吵了就吵了，完了就完了，毕竟都是下辈子嘛。人家都忙着挣钱呢，没工夫听我们吵，我们也就只能适可而止了，可对？

调查显示，80年代中期，Y村中有少量青年人外出务工，基本在附近县区务工，主要从事一些诸如修路、修桥等重体力活。1986年、1987年开始，务工人数急剧增多。90年代初期开始，子辈开始大规模外出务工，且这个时期内已有部分青年人不再种植庄稼。1997年、1998年时，Y村老人也开始外出务工，当然，他们多是短期性的务工。当前，Y村绝大多数青年以及部分老人都在外务工。总之，从80年代中期开始，Y村村民外出务工的人数逐渐增多。

---

① "下辈子"就是子辈的意思。

由于子辈的临时性缺场，使家庭代际的冲突频率降低，代际双方投入冲突中的时间、精力都有所下降。随着子辈务工收入的提高，他们逐渐开始将目光转向村庄之外，而渐渐淡化了对于家庭内部资源的争夺；同时，也日渐不再关注村庄之内的生活。

3. 低度能量消耗

所谓低度能量消耗，即老人在家庭代际冲突中投入少量精力、时间，不再将冲突扩大化。调查显示，当前 Y 村中的家庭代际冲突事件颇为少见，即使家庭代际发生冲突，双方也不再投入太多的精力、时间。一般来说，当前家庭代际的冲突都比较轻微。当然，轻微冲突并不意味着冲突的消失，只是冲突的强度发生变化，老人的行动方式发生变动。

　　个案：陈浩秀
　　问：能讲一下当前您与下辈子之间的矛盾吗？
　　答：现在儿子、媳妇常年都不在家，也就是过年回来看看，庄稼他们也不寻①了。发生矛盾了，我们也不好意思讲，一年才见这么些天，不好因为一些矛盾一直讲个不停吧。有些矛盾，我们就是稍稍讲讲就是了，他们听不听，我们也管不了了。他们都在外边城里生活，和我们的生活方式不一样了。我们讲多了，也不合适呀。

当前的 Y 村的确显得相当平静，在笔者多次采访中，很少能够见到较为强烈冲突的发生。有几次当笔者到被访的老人家门口时，听见屋内有婆媳之间的争吵。而当笔者进入家门时，老人马上不再继续争吵了，继而和颜悦色地和笔者谈论起来。当笔者问老人什么事情时，老人遮遮掩掩地告诉笔者，"没事情，不值得一提，好了"。

不难看出，随着子辈经济实力的增强、生活场域的变化；相较而言，老人相对弱势化，他们不再能够指导子辈的工作与日常生活。② 因而，当

---

　　① "寻"就是种植的意思。
　　② 在子辈与父辈共同生产、生活在农村时期，老人的经验对子辈来说是非常宝贵的。而当社会发生变迁之后，当代际之间的生活距离拉大之后，老人的经验就不再能够指导子辈了。相关研究详见〔美〕马克·赫特尔《变动中的家庭：跨文化的透视》，宋践等译，浙江人民出版社1988年版，第300页；〔美〕玛格丽特·米德：《文化与承诺：一项有关代沟问题的研究》，周晓虹等译，河北人民出版社1987年版；〔美〕玛格丽特·米德：《代沟》，曾胡译，光明日报出版社1998年版。

家庭代际发生冲突时，大多数老人不敢于投入较高的能量以及延长冲突时间。调查中笔者发现，如果被采访老人的儿子、儿媳妇在家，老人一般拒绝回答笔者的敏感问题；甚至有些老人，即使儿子、儿媳妇不在家，他们也拒绝回答笔者的问题，因为他们生怕这些话被儿子、儿媳妇知道。

（二）情感卷入

1. 高度情感卷入

所谓高度情感卷入行动，即老人在家庭代际冲突中投入较高情感，非常在乎冲突的结果。调查显示，80 年代初期的家庭代际冲突中，部分老人具有这种高度情感卷入的行动方式。他们投入强烈情感，试图在冲突中获胜。"在参与者深深卷入并用全部人格而不是人格的一部分从事其活动的关系中，将可能产生爱和恨两种情感，也就是吸引和敌对。"[1]

　　个案：陈秀丽

　　问：那时候，当您与下辈子发生矛盾时，您会怎么办？

　　答：我记得 80 年代初吧，那次与媳妇吵架，我们吵架很厉害，我都气死了，气得我是一天吃不下饭。

　　问：您为什么那么生气呢？

　　答：我天天给他们干，他们还说三道四的。我讲，我要让他们知道这个理。

　　问：您在乎吵架的结果吗？

　　答：我当然在乎了，吵架就是让他们知道这个理，我给他们干了，他们还不能领情，那怎么行呢？可对？

　　调查发现，80 年代初期，由于家庭代际双方共同居住在同一村庄，一般来说，老人对子辈的帮助较多。但当这种帮助无法获得子辈的回报，即家庭代际关系失衡时[2]，老人便会感到失落、委屈，因为他们付出了很

---

　　① ［美］刘易斯·科塞：《社会冲突的功能》，孙立平等译，华夏出版社 1989 年版，第 48 页。

　　② 有关家庭代际关系失衡的研究详见贺雪峰《农村家庭代际关系的变迁——从"操心"说起》，《古今农业》2007 年第 4 期。贺雪峰：《农村家庭代际关系的变动及其影响》，《江海学刊》2008 年第 4 期。刘桂莉：《眼泪为什么往下流？——转型期家庭代际关系倾斜问题探析》，《南昌大学学报》（人文版）2005 年第 6 期。沈关宝：《一场悄悄的革命——苏南乡村的工业与社会》，云南人民出版社 1993 年版，第 213 页。

多的心血和情感。因而当冲突发生时，老人就会投入较高的情感，他们会非常气愤，同时也非常在乎冲突的结果。正如一些老人告诉笔者，"我得让他们知道这个理，不然以后怎么相处呢？我们不能一直做冤大头嘛。"另外，在家庭养老方面，代际也会发生冲突。那时候，代际双方的经济收入都非常有限，当子辈不能给足老人粮食和养老金时，老人也会做出强烈的反应。正如一些老人所讲："我们那么寒心①地将孩子抚养成人，到头来连个饭都吃不上，能不和他们吵吗？"再次，在一些家庭事务上也有较多纠纷，老人都希望能够办理好所有孩子的婚事。可是，当老大成家后不愿意担负家庭负担时，老人也会有激烈行动。总之，那时候对于有限资源的争夺非常激烈，老人在冲突中行动的情感卷入程度较高。

2. 适度情感卷入

所谓适度情感卷入行动，即相比高度情感卷入行动，老人在家庭代际冲突中投入情感有所收敛，已经降低对冲突结果的期待。

> 个案：刘美丽
>
> 问：那次，您为什么要和儿子吵架？
>
> 答：他给的养老粮食和钱不够嘛。
>
> 问：您是如何与他争吵的？
>
> 答：嗨，也不能说儿子就不养老，但就是给的不够，我是很生气了，我都哭了嘛。但后来亲戚来家了，劝了我，我讲，就算了吧。
>
> 问：那结果呢？
>
> 答：讲实话，我也在乎结果，但也不能太在乎结果，有时候，我也能理解下辈子，毕竟那时候，不像现在经济条件。后来，儿子多给了些，老头子讲，就算了吧，我讲，那就这样吧。

务工现象出现之后，Y村情况有所好转，但转变情况不特别明显，因为那时候的务工工资颇低，因此家庭代际的经济冲突仍然大量存在。但不可否认的是，这一时期内，老人在冲突中投入的情感已经逐渐开始下降。

---

① "寒心"就是辛苦的意思。

3、低度情感卷入

所谓低度情感卷入行动，即老人在家庭代际冲突中投入较低的情感，不太在乎冲突的结果。调查显示，当前老人在冲突中不再投入非常多的感情，一般不会很生气，也不太在乎是否能够赢得冲突的结果。

> 个案：刘定云
>
> 问：您现在与儿子、儿媳妇发生矛盾时，您会很生气吗？
>
> 答：哈哈，一般不会，讲讲就行了。听就听，不听拉倒。反正现在各过各的，我也管不着他们，他们长年都在城里打工。
>
> 问：您在乎结果吗？
>
> 答：嗨，有什么好在乎的？在乎也没用呀，所以就不在乎了，在乎无效嘛。

在当前的 Y 村，大多数家庭代际冲突类似上述个案的情况。老人一般不会特别生气，不会投入很多的情感，也不太在乎冲突的结果。调查发现，这其中有几个重要的原因：第一，子辈长期在城市务工，老人已然无法掌控他们的生活，也不再具有指导权力；第二，子辈经济收入的提高，使得因为经济问题导致的冲突事件大大减少；第三，有些老人也在外务工。由于以上原因的存在，老人没有必要再对冲突问题耿耿于怀，也不再过度在乎能否获得冲突中的胜利。

二 行动烈度的变迁

烈度是指冲突中老人的具体行动方式，例如，打架、吵架、生气、是否使用工具等暴力方式。按照暴力使用方式，结合对 Y 村老人的调查，我们将暴力划分为三个维度，即身体暴力、语言暴力以及冷暴力。暴力又可以分为针对子辈与针对自我的两个面向。面向子辈的身体暴力包括使用工具、徒手、虚假动作等；面向自我的身体暴力包括自杀、自残、虚假动作等；面向子辈的语言暴力包括骂架、吵架、争论等；面向自我的语言暴力包括自我谩骂、自我争吵、自我述说等；面向子辈的冷暴力包括断绝关系、不合作、不情愿合作等；面向自我的冷暴力包括躲避、赌气、生闷气等。

（一）身体暴力

1. 面向子辈的行动：使用工具、徒手、虚假动作

据 Y 村老村干部回忆，80 年代初期，村庄发生过几起家庭代际的激

烈冲突事件。在冲突中，老人向子辈使用了一些工具打斗。由于老村干部对村庄的了解程度较深，加之，当事人家庭不愿意回答这样的问题；因而笔者认为，要揭开当时的家庭代际冲突以及老人行动方式之谜，村干部的回答可能是更为有效的方式。

　　个案：王德胜
　　问：您能讲述一下当时家庭冲突和老人的反应情况吗？
　　答：嗨，说来话长。我们这个庄子里，在那个时候，家庭矛盾比较多，有些闹得也厉害些。老人和儿媳搞急了，讲不清楚了，就顺手拿个什么东西干起来了，像正在扫地呢，结果吵起来了，老人可能就顺手拿起扫把，打起来了。
　　问：为什么老人会如此激烈呢？
　　答：那怎么讲呢？那时，还是穷嘛，下辈子不好好养上人①呗。有的是，老人在管下辈子的事，下辈子不让，不就干起来了吗？主要那时候，大家都过不上来，又都在一起生活，矛盾就多。

　　在家庭代际冲突中，老人能够使用工具打架，足以说明冲突程度之高，以及老人对于冲突事件的在乎程度。然而，随着务工现象的出现，村民整体经济收入的提高，Y村中的老人在冲突中日渐不再使用工具打斗了。但是，他们仍然会徒手进行打斗。

　　个案：王德胜
　　问：80年代开始外出打工之后，村中家庭矛盾、老人反应方式有变化吗？
　　答：那有变化，有人出去打工了，老人与下辈子之间接触的时间少了，矛盾也就自然少多了，再说了，打工挣到钱了，矛盾也就少了。很多事情，不都是因为钱闹的吗？不过，有些家庭的矛盾也厉

———————————

　　①　"上人"就是父辈的意思。在Y村，人们把父辈称为"上人"，把子辈称为"下辈子"。这种方言把代际关系说明得非常清楚，即上下等级的关系。当然，随着村庄家庭的变化，代际关系也发生变化，虽然当前人们仍然沿用这种说法，但不同的是，其本来含义却已经发生了变化。而且，当前一些青年已经不再使用这种称呼了，这种称呼的变化，是否隐含着代际关系的变动呢？这是非常有意思的语言问题。

害，搞急了。老人也会动手的，拍两下子，也属于正常情况。

应该说，村民外出打工之后，家庭代际的矛盾呈现下降趋势，老人的行动方式也相对温和。但80年代中期直到90年代初期，Y村村民打工基本上属于季节性打工。虽然可以称得上是长期务工，但大多数村民并没有放弃农业生产。因而村民仍然将生活面向村庄之内、家庭之内，所以家庭代际的冲突也在所难免。但是，自90年代中期至今，情况发生了很大的变化，村民尤其是青年子辈们已经基本上将生活面向村庄之外，家庭代际的冲突事件大大减少；与之相应，老人在冲突中的行动方式也更为温和。

个案：王德胜

问：现在家庭发生矛盾了，老人还会动手吗？

答：哈哈，那怎么会呢？那不会，现在矛盾少多了。你在我们村子里也住了这么长时间，你看到谁家大吵大闹了吗？

问：那没有，为什么呢？

答：现在，下辈子都基本上出去了，都不在一起了，还有很多矛盾吗？即便有矛盾，也不是很大。

问：老人还会动手吗？

答：哈哈，动手？就是动手，也是假动手。

问：就是假动作？

答：哈哈，假动作，这个你讲的对。

调查得知，改革开放至今，在Y村家庭代际冲突中，老人使用了工具、徒手、虚假动作等行动方式。70年代末期80年代初期，三种方式同时都存在；80年代中期到90年代初期，徒手方式和假动作方式仍然存在，使用工具这种方式就基本上很少存在；90年代中期至今，老人的行动方式就多表现为一些虚假动作。

2. 面向自我：自杀、自残、虚假动作

80年代初，Y村发生了两例老人自杀的案例，由于当事人家庭回避对这个问题的回答，因而笔者只能通过村庄其他老人的回忆，记录下两位老人自杀的情况。

个案：夏丽珍

问：您能讲述一下村庄老人自杀的情况吗？

答：从改革开放以来，我们庄子里在 70 年代末期和 80 年代初期，发生了两个老人自杀的事情。后来到现在都没有这种情况，像这种情况毕竟是少数嘛，不过真是寒心呀。

问：两位老人为什么要自杀呢？

答：嗨，还不是因为家庭矛盾吗？媳妇不孝敬呗。那时候，我们这个场子穷呀，生活不行。场子的收入就刚刚能够糊糊嘴①，这两个老人的儿子、媳妇不像话，老人不能干了，下辈子不好好给吃的，老人没有办法，要几次都不给，后来通过了干部解决，干部解决一次，下辈子给一次，干部走了，他们还那样。老人也要脸面，觉得日子过得没意思，就自杀了。一个是头淹到水缸里死的，一个是上吊死的。

不难看出，在生活无助的情况下，两位老人即使通过了村干部的干涉，但最终没有阻挡住他们自杀。可见，当时老人在家庭代际冲突中，使用了何等极端的方式来抵抗子辈的不孝敬行为。据老人们讲，这两件事情都引起了村民的气愤，村民纷纷指责子辈的不孝敬行为。也就是说，老人的自杀事件已经转化为村庄公共事件。

沈关宝在对苏南农村的调查中也分析老人自杀的现象："1987 年年底，村里发生两起老人厌世自杀的事件，都因劳动负担过重而引起。其中一位是 65 岁的男性，他既要种田，又要顾家，里里外外不停地做。但小辈仍有闲话，不甚满意。他一气之下，就在为桑树施用除虫剂后，自己也服毒身亡。"② 与该研究有所不同的是，Y 村老人的自杀仅仅发生在了 70 年代末和 80 年代初，而之后至今的时期内，就再也没有发生老人自杀的现象。

贺雪峰对湖北京山老人自杀现象的研究显示，京山老人自杀现象相当普遍，且难以引起任何社会后果。在京山地区已经形成了一种地方性规范，即老人就应该对子辈无限付出而不应该讲究回报，老人自杀是一件在

---

① "糊糊嘴"就是吃饭的意思。

② 沈关宝：《一场悄悄的革命——苏南乡村的工业与社会》，云南人民出版社 1993 年版，第 212 页。

村民看来很正常的现象，老人被"规定"为无用的人。这就形成了一种"不敬老"的集体意识。令人难以理解的是，京山老人竟然也认同这种集体意识。① 实际上，这是一种典型的"付出型"代际不平衡交换关系。从京山老人的行动来看，我们难以看出他们在家庭代际冲突中的反抗行动，但 Y 村情况与京山农村有很大不同。尽管 Y 村老人对子辈也能够进行无限付出，但他们也具有要求回报的动机和行动。而不会如同京山老人一样放弃抵抗的行动。在某种程度上讲，Y 村老人也自我认同为"无用"的老人，但他们所讲的"无用"并非京山老人所讲的"无用"。京山老人的"无用"显然已经被当地村民认同，甚至老人自身也认同这种观念，以至于形成一种地方性规范，形成一种对老人不利的集体意识。而 Y 村老人口头所讲的"无用"，事实上，他们含有更多抱怨、无奈的成分，即他们曾经进行了无限付出，而现在自身不能够继续付出之后，老人被子辈们认为是"无用"之人。但 Y 村老人不像京山老人一样可以接受这种对自己不利的现实，他们是通过使用一定的行动策略来反抗子辈的不孝敬行为。

外出务工出现之后，Y 村再也没有发生过老人自杀的现象。但老人自残的现象依然存在，即老人在家庭代际冲突中，使用伤害自我的手段来抵抗子辈的行动方式。

个案：夏丽珍

问：80 年代开始外出打工之后，家庭矛盾、老人反应有变化吗？

答：有呀，下辈子出去打工了，矛盾自然就少了，能挣钱了，老人不也开心吗？但下辈子挣钱了，还是在家盖房子，家里的事情还很多，矛盾还有。

问：老人是如何反应的呢？

答：自杀现象是绝对没有了，不过老人呢，斗不过了，就搞自己两下，这也是有的现象。比如，老张就是要干涉儿子盖房子的事情，儿子不听嘛，不是盖着就干起来了吗？结果，老张气得不行，又说服不了儿子，不就自己打了自己两个嘴巴子嘛。

---

① 贺雪峰：《被"规定"为无用的京山农村老人》，《中国老区建设》2009 年第 11 期。

家庭事务的联系是家庭矛盾爆发的前提条件,子辈虽然外出务工提高了家庭经济收入,缓和了因为经济问题引发的矛盾,但只要子辈的生活仍然在村庄之内、家庭之内,那么,家庭代际的冲突就不可避免。

"改革开放后,我国农村兴起了'打工潮',然而,当前我国农民外出打工的原因已经迥异于传统时代的小农社会。除了为了赚取收入,维持农村家庭的体面生活外,另一原因则是为了赚取进城生活的积蓄,或获得逃离村庄的资本。由第一种原因向第二种原因转变具有必然性。"① 调查显示,改革开放以来,Y 村已有五户人家在城市买房定居,他们有共同的特点,即他们先在城市务工,而后来又开始经商,因而他们就具有一定的经济实力,具有了逃离农村的资本。

对大部分村民来讲,外出务工仍然无法完全摆脱农村生活的归属,尽管在城市属于长期性的务工,务工时间多有一二十年时间,但仍然难以挣到脱离农村生活的资本。因此,他们仍然无法完全将生活面向村庄之外、家庭之外。面向村庄之内、家庭之内的生活,仍然使家庭代际有着较多的纠纷。然而,我们通过村干部的回答不难看出,老人的行动方式已经发生了变化,极端的行动方式已不复存在。20 世纪 90 年代中期至今,老人的行动方式又发生很大变化,即他们多是通过一些虚假的动作来表达对子辈的不满。

　　个案:夏丽珍
　　问:您能讲述一下当前的家庭矛盾和老人的反应方式吗?
　　答:现在呀,家庭矛盾很少,即便有也是很柔和的。
　　问:老人会自杀、自残吗?
　　答:那是绝对不会的,就是急了,也就是假装打自己一下,也不是真打自己。做做样子,吓唬一下他们,就是让下辈子知道老人生气了。

改革开放至今,在 Y 村家庭代际冲突中,老人使用了自杀、自残、虚假动作等行动方式。需要指出的是,20 世纪 70 年代末 80 年代初,三

---

① 贺雪峰:《"打工潮"背后的深层根源》,《中国社会科学院报》2008 年 11 月 27 日第 3版。

种方式同时都存在；80 年代中期到 90 年代初期，自残和虚假动作存在，自杀这种方式已经不复存在；90 年代中期至今，老人的行动方式就多表现为一些虚假动作。

（二）语言暴力

1. 面向子辈：骂架、争吵、争论

据调查显示，使用语言暴力者多为婆媳之间，对此现象较为清楚的是村妇女主任。笔者此部分的讨论，多是来自对 Y 村两届妇女主任的访谈资料。当然，也采访到了一些当事人，尽管这种调查难度颇大，因为婆媳之间的矛盾多数情况是被访者不愿意透露的。

个案：夏丽珍

问：您能讲述一下 70 年代末期 80 年代初期中家庭矛盾和老人的反应方式吗？

答：那时候，大家都生活在村里，我们这个场子①也穷，家庭矛盾多嘛，婆媳之间吵得厉害了，讲话就有脏字，也就是开始骂人了。有的更厉害，跑到街上骂街，门口骂，这些情况都有。

问：为什么会那么激烈呢？

答：主要是因为穷嘛，农村事情，哪个不是因为经济问题呀？人一穷了，矛盾就多了，再讲了，老人也不怕骂，为什么呢？因为村里有人讲嘛。你看，我这干妇女主任的，就会经常去劝架嘛。

据村老妇女主任夏丽珍讲，80 年代初期的骂架现象颇为常见，但随着打工现象的出现，骂架现象开始减少，但仍然存在。然而，婆媳之间吵架的这种现象颇为常见。

个案：夏丽珍

问：打工现象出现后，家庭矛盾有变化吗？

答：有，骂架的现象少多了，出去骂架不好看嘛，当然，矛盾也相对少些了。但是，矛盾还存在，吵架现象不少见。婆媳之间因为一些事情，还会吵嘴。

---

① "场子"就是村庄的意思。

　　20世纪80年代中后期至90年代初期以来，Y村外出打工人员急剧增多，村庄的绝大多数青年一辈都外出务工。在外出务工队伍中还有相当数量的中年人以及部分老年人。整个村庄内、家庭代际之内的事务大为减少，村民将资源获取渠道主要放在村庄之外。这无疑降低了家庭代际的冲突，与此同时，老人在家庭冲突之中的反应方式也趋向弱化。根据调查得知，当前Y村中婆媳之间骂架、吵架的现象大为减少，而老人多是通过一些争论来表达对事务的不满。

　　个案：赵秀翠
　　问：当前婆媳之间的矛盾是以什么方式进行的？
　　答：街头骂架的现象很少了，吵架现象还有，但程度不那么激烈、那么公开了，多数情况是争论，拌嘴。你看，你来我们村搞社会调查了，你看到哪家大吵大骂了吗？没有吧，现在即使有些家庭矛盾，我们都不知道了，因为我这做妇女主任的，人家也不来找了，自己就解决了，但你讲，现在就没有矛盾了，也是不可能的，可对？

　　冲突论认为，冲突是始终存在的。但是，冲突数量、爆发方式以及老人行动方式却因时期而异。调查得知，改革开放以来，在Y村家庭代际冲突中，老人使用的骂架、吵架、争论等行动方式始终存在。但不同的是，70年代末期80年代初期，三种方式同时都存在；80年代中期到90年代初期，吵架、争论依然存在，但骂架这种方式就基本很少存在；90年代初期至今，老人的行动方式就多表现为一些争论，当然，吵架现象依然存在。

　　2. 面向自我：自我谩骂、自我争吵、自我诉说
　　在婆媳冲突中，老人不但会面向对方进行谩骂、吵架、争论；同时，在她们无法正面对抗时，她们还会面向自我进行抵抗，即通过自我谩骂、自我争吵、自我诉说进行抵抗。调查显示，改革开放以来，老人在冲突中面向自我的行动方式也发生了变化，以下通过不同时期内的个案予以分析。

　　个案：王光美
　　问：能讲一下那时您与媳妇之间的矛盾吗？
　　答：哈哈，这个事情嘛，不好讲的，不过现在媳妇不在家，就跟

你讲讲。事情也过去了，我们现在也没有矛盾了。那时候，儿子、媳妇都在家里，事情多嘛，矛盾也多嘛，媳妇是个慢性子，我这个人脾气急躁得很。我心不坏，就是性子急，媳妇也是跟我一样。我们有时候就吵架，搞急了，还骂，我毕竟老了，有时候，骂不过她。没办法，就骂我自己，骂给她听嘛。

据笔者调查发现，70 年代末期至 80 年代初期，老人自我谩骂现象在 Y 村中存在一部分。但是，进入 80 年代中期之后，随着子辈外出务工经济收入的提高，子辈与父辈居住空间的拉开，家庭代际的冲突事件减少、冲突程度降低。老人在冲突中使用自我谩骂的方式大为减少。但是，吵架现象依然存在，在吵架中失利的老人就采用自我争吵方式。

个案：张翠娥

问：当您不想面对面吵架或者吵不过对方的时候，您会怎么办？

答：嗨，这事情讲来好笑，不想吵嘴了，或者吵架不行了，那还生气呀，那就自己吵架呗，就是她不在面前，我也当她能听见，让老天爷评评理嘛，这样一个人吵一吵，嗷嗷两下，心里舒坦嘛。

20 世纪 90 年代末期至今，老人们渐渐不再使用自我谩骂、自我争吵的方式了，而是渐渐使用一些自我诉说的方式来平息冲突带来的怒火。显然，家庭代际冲突不会随着时间的转换而断然消失，即使冲突频率和程度都有所下降。但不可否认的现实是，家庭代际冲突依然存在，老人在冲突中的行动仍然存在，只不过其方式已经趋向弱化。

个案：赵丽娥

问：现在您会通过自我谩骂、自我争吵的方式来消气吗？

答：哈哈，那很少了。

问：为什么？

答：不好看嘛，矛盾少了，没有必要那样嘛。有气了，自己劝劝自己就行了。老讲也不行呀，老人也得学聪明点，我们还要靠下辈子嘛，我讲，你搞得太厉害了，将来怎么办呢？现在我们老人不行了，有事了，自己向自己说说，就行了。

调查得知，改革开放至今，在 Y 村家庭代际冲突中，老人使用了自我谩骂、自我争吵、自我诉说等行动方式。但不同的是，70 年代末期 80 年代初期，三种方式同时都存在；80 年代中期到 90 年代中期，自我谩骂方式就少多了；90 年代末期至今，自我争吵依然存在，但老人的行动方式多表现为一些自我述说。

(三) 冷暴力

1. 面向子辈：断绝关系、不合作、不情愿合作

身体暴力、语言暴力是非常明显的对抗方式，然而，沉默的冷暴力也是一种显示老人抵抗方式的形式。例如，老人可以通过断绝关系、不合作、生闷气、回避等方式进行看似静悄悄的抵抗。80 年代初期，Y 村发生过一起老人与子辈断绝关系的案例；之后至今，Y 村再也没有发生过类似的案例。由于当事人家庭回避这个问题，所以，此案例主要通过采访参与调解的村干部以及其他村民佐证得知。

个案：王德胜

问：您能讲述一下老人与子辈断绝关系的那个案例吗？

答：从改革开放到现在，我们村里就发生了一起老人与下辈子断绝关系的案例。那毕竟是少数，不过也说明了当时老人的心情很糟糕。老人很老实本分，他家的两个儿媳妇都不行，老人与儿媳妇之间关系长期不和，我也去调解过几次，但效果都不太好。儿媳妇光想沾光，一点儿亏都不能吃。老人整天想着给他们干，可是，儿子、儿媳妇们谁也不管老人。老人越想越不是个味，闹了很多次了，很长时间了，老人讲，有儿子，还不如没儿子呢，干脆不和他们来往了，省得他们老是拖累我们。

不难看出，在极不平衡的家庭代际关系中，当老人仅仅进行单方面付出，而子辈却不进行丝毫回报时，老人觉得这种生活方式非常难以忍受，因而他采取断绝家庭代际关系的做法。当然，老人也希望能够通过公共舆论对子辈施加压力，将家庭事件转化为村庄公共事件。如果说，老人与子辈断绝关系是极为罕见案例的话，那么，老人对子辈不合作的案例则较为多见。这种现象在 70 年代末期 80 年代初期存在，在 80 年代末 90 年代初

依然存在，但事件有所减少。

个案：李运来

问：能讲述一下您是如何与儿子、儿媳妇不合作的吗？

答：有些事情我就是看不惯，我讲过几次，但人家就是不听，那他们要我听他们的，我也不干。那年，儿子已经结婚了，但我们还没有分家，他讲，他要盖房子，我讲可以，你把挣到的钱交给我，我给你盖。但他不交，还想让我全部出钱给他盖，我讲，家里还有其他儿子呢，怎么能都给你呢？后来，我生气了，我讲，我们分家吧，你的房子你来盖，我不能出钱。他想让我出钱，我就是不愿意出钱。我不管他的事情，不就没有矛盾了嘛。

从对 Y 村的调查得知，老人通过不合作这种方式进行抵抗的现象始终都存在。不过，在 90 年代末期之前这种情况在家庭代际冲突中较为多见，进入 21 世纪之后，这种不合作现象依然存在，但已经开始日渐减少；与之相应，另一种不情愿的合作方式则大量出现。

个案：刘大梅

问：听说您儿子在苏州开理发店，要您去帮忙做饭，您去了吗？您是怎么想的？

答：是呀，他在苏州开理发店，当初开店我们就不同意，这事就有矛盾嘛，但是怎么办呢？人家不照样开了嘛。他讲，要我去他店里帮忙做饭。我实际上不想呀，不过能有什么办法？我很不高兴，最后不还是去了吗？不过我就是去了，我也不给他们好脸色。我觉得我们都要老了，他们都在外面，我们也过不去，将来，谁来照顾我们呢？

改革开放以来，在 Y 村家庭代际冲突中，老人不合作、不情愿合作等行动方式始终存在。断绝关系的案例仅仅 80 年代初出现一例；80 年代中期到 90 年代中期，不合作与不情愿合作的方式同时存在；90 年代末期至今，不合作现象减少，不情愿合作现象增多。由此可见，从面向子辈冷暴力角度来看，家庭代际冲突中老人的行动方式呈现出弱化的趋势。

2. 面向自我：躲避、赌气、生闷气

冷暴力不但可以表现为面向子辈的断绝关系、不合作以及不情愿合作，冷暴力还可以表现为面向自我的躲避、赌气以及生闷气等。调查发现，改革开放以来，从村庄整体上看，老人使用面向自我的冷暴力亦发生了变化，即呈现由强到弱的趋势。

　　个案：刘胜利
　　问：您有四个儿子，那您为什么要自己住呢？
　　答：有四个儿子不错，可是我们搞不到一起呀，分家也不好分，当时正好四间房子，其实都是茅草屋，四个儿子正好，那时候，我们这里穷呀，没办法，我讲，你们一家一间，我出去再盖一间。主要还是因为搞不到一起嘛。生气太多了，老奶奶①都喝过药，你想，还怎么过呢？我们不出来行吗？

上述个案是通过独居的方式，来躲避家庭代际的冲突，无疑这是一种无奈的抵抗行动选择。老人讲："我倒要看看，我家四个儿子，让我独自住在茅草屋，他们不怕村里人笑话。"可见，老人是希望通过村庄舆论给儿子们进行施压，而采取的一种极端的冷暴力。从对 Y 村的调查来看，极端躲避方式如独居在20世纪80年代初期出现过一些，之后，就大大降低。另外，赌气也始终是老人抵抗子辈的一种行动方式。

改革开放至今，在 Y 村家庭代际冲突中，老人使用的躲避、赌气、生闷气等行动方式始终存在。但不同的是，70 年代末期 80 年代初期，三种方式同时都存在；80 年代中期到 90 年代中期，使用极端躲避这种方式就基本很少存在；90 年代末期至今，老人的行动方式更多表现为生闷气的方式。

从上述分析的老人在代际冲突中行动强度、烈度变迁发现，70 年代末期至 80 年代初期内，高度、适度、低度能量消耗行动和高度、适度、低度情感卷入行动同时存在；80 年代中期至 90 年代初期内，高度能量消耗行动、高度情感卷入行动迅速减少；90 年代中期至今，高度能量消耗行动、高度情感卷入行动极少发生，适度能量消耗行动、适度情感

---

　① 老奶奶是指刘胜利的妻子。

卷入行动迅速减少。行动烈度也出现类似的变迁过程。从这个意义上，笔者认为，改革开放至今，老人在代际冲突中的行动方式呈现弱化的趋势。

第三节　行动公开度的变迁

老人行动公开度的变化主要表现为冲突行动物理空间和社会空间的变化。物理空间是指大街、马路、公共活动场所、集会场所、门口、庭院以及屋内等场地。调查显示，改革开放至今，老人冲突行动发生的物理空间由街头转向屋内。物理空间是一些较为显性的地点，是较为容易识别的场所。而社会空间是指无论在公开抑或私密物理空间内，空间开放度是根据在场人员的类型、人数的多少，引起他人关注程度的不同，具有不同的社会意义，以此来划分社会空间的公开度。

一　行动的物理空间变动

从农村来说，物理空间是指大街、马路、公共活动场所、集会场所、门口、庭院以及屋内等场地。在改革开放至今的 30 多年中，老人在冲突中的行动方式是否发生物理空间上的变化呢？如若发生，为什么随历史的变迁而发生空间转移呢？以下通过不同时期老人行动方式案例予以分析。

（一）公开空间冲突：街头行动

个案：刘胜利

问：80 年代初期的时候，您与晚辈会在什么场所发生冲突？

答：那时候嘛，搞得急躁了，还分什么场合？街上、饭场子①什么地方，就搞上了。

问：您能否讲一个例子？

---

① "饭场子"就是聚集吃饭的地方。在农村社会生活中，村民一般喜欢聚集在街头的某个地方一起吃饭，在吃饭过程中，相互娱乐、沟通信息、讨论事务，当然，家庭之内的冲突事件，也在谈论范围之中。有研究将这种场合称为"饭市"。关于饭市的研究详见陈新民等《电视的普及与村落"饭市"的衰落——对古坡大坪村的田野调查》，《国际新闻界》2009 年第 4 期。

答：有一次，和儿子一起去场子①干活，正在走的路上，因为场子的事，我和儿子的看法不一致，当时，我气得不行。我俩就干开了。

问：为什么不回家再讲呢？

答：怕什么？街上还人多呢，让人评评理嘛，又不是我的错。

以上案例可以看出，老人是在较公开的空间内进行冲突，70年代末期80年代初期的Y村，村内人口较多，当时村民外出打工的机会很少，因而绝大多数村民都生活在村庄之内。在老人看来，在公共空间发生冲突，还可以获得他人的评理，即可以获得村庄舆论的帮助，说明当时的村庄舆论还较为有力，同时村民人际关系较为紧密。尽管村民之间也存在冲突，但在那个时期内，由于生产、生活条件的限制，村民的互助行为非常全面，家务事也是他们互助的内容之一。因此，老人在公共空间做出冲突行动，便可以获得村庄舆论和村民的支持。

（二）半公开空间冲突：门口行动

调查显示，街头行动多发生在70年代末80年代初期，那么，到80年代中期开始，随着村民逐渐外出务工之后，老人行动方式是否发生空间变化？以下来看这一时期的一个典型案例：

个案：王世奇

问：您儿子是什么时候出去打工的？

答：啊，让我想想，嗯，是1986年出去的。

问：一般出去多久呢？

答：那时候，打工是临时的，有农活了，就回来了，再说了，活也不是天天有。没有活了，就回来住了。

问：您和儿子有冲突的时候，会在大街上吵架吗？

答：那一般不会。

问：为什么？

答：不好看嘛。有时候，急了，可能会在门口、院里干起来，那

---

① "场子"就是庄稼地的意思。Y村方言中的"场子"的意思，根据不同语言情境具有不同含义，"场子"既可以指庄稼地，也可以指村庄以及自家的居住房屋。

知道的人少嘛。门口嘛，就是邻居晓得，也不碍事，邻居还会过来讲，街上的人，就不讲了。都不在一起了，关系都生了。

在这一时期，在大街上、饭堂口等公共空间发生的家庭代际冲突案例已经极少存在。毋庸置疑，上述老人在街门口、院里对子辈做出冲突行动，相比80年代初期发生在大街上的行动，我们不难看出，老人的行动方式已经开始逐渐私密化。为什么会发生这种转变呢？在老人看来，他觉得在非常公开的场合发生冲突，已经是"不好看"的事情了。随着农村经济的发展，由于各家农具置办地越来越多，他们之间的生产互助降低。另外，由于电视机日渐进入农村，村民集体娱乐活动逐渐减少，看电视成为村民的娱乐方式。村民之间的人际关系开始日渐松散，农民自主性逐渐彰显。因而，老人日益不愿意将家庭内部的矛盾公之于众，但是地缘相邻的邻里之间仍然有较多的交往，所以他们并不避讳在家门口、庭院内发生冲突。

（三）私密空间冲突：屋内行动

进入21世纪，农村青壮年开始大规模、长时期在城市务工，农村日渐形成老人村、儿童村，这一时期内的老人在家庭代际冲突中的行动方式，在物理空间上又发生了哪些变化呢？我们通过一位典型案例予以分析。

个案：陈丽珍

问：这些年，老人与儿子、儿媳妇会在街上、门口吵架吗？

答：少多了，很少能看到，就是有矛盾了，可能就在屋内讲吧，反正我们看不到了。

问：那您与儿子、儿媳妇有矛盾了，会在什么地方进行呢？

答：哈哈，就在屋里讲讲呗，外面不好。

问：为什么外面讲不好？

答：现在，一般矛盾都少了，也小了，再说，村里人平时都打工了，年轻人都生了，就是老人也来往少多了。不像过去了。在外面吵架，不好看，别人也懒得管了。

由于是近年来发生的冲突事件，所以笔者调查了多个这样的案例，几乎所有被访者认为当前老人的行动方式已经大大私密化。而且，据在Y村参与式观察发现，几个月以来，没有看到一例公开场所下老人所进行的冲突行动。如若不进行深度访谈，几乎很难发现家庭代际冲突是否存在，以及怎样发生，为什么发生，老人是否具有行动。由上述个案，我们不难看出，当前农村中的人际关系开始急剧理性化，人际交往日渐减少，因而老人在家庭代际冲突的行动，已经不再开始诉诸他人帮助。老人也开始具有隐私观念。"别人懒得管了"，说明人际关系已经非常松散；"不好看"，说明老人已经逐渐具有了隐私观念。

改革开放以来，中国社会发生了翻天覆地的变化，农村社会结构亦经历了深刻的变革。城乡二元结构的松动，导致农村剩余劳动力可以进入城市打工，这不仅改变了农村的人口结构，同时也影响了村民的人际关系、村庄舆论，进而影响到老人行动空间的选择。从上述分析的整个历史时期的大致变化来看，老人行动方式经历了从"街头""集体活动场合"到"门口""庭院""屋内"的变化过程，从物理空间上看，我们不难发现，这是行动方式趋向私密的过程。当然，在具体的时期内，或许还有一些行动空间上的迂回，或者某些个案身上还会表现出特殊的情况。但从整体上看，老人行动方式在物理空间范围上呈现出日渐缩小的趋势。

二 行动的社会空间转向

物理空间是一些较为显性的地点、场所，例如，街上、集体活动场所、门口、院里以及屋内等，是较为容易识别的场所。而社会空间是根据在场人员的类型、人数多少，以及引起他人关注程度的不同来划分社会空间度的大小，因而具有不同的社会意义。例如，同是在庭院内的冲突行动，如果当老人做出冲突行动时，院内来了村庄各种关系的大量人员，而老人的行动依然进行的话，那么，我们就可以把这种空间称为开放社会空间，因为在这种空间内承载、容纳了很多的社会性、开放性；相反，则是不开放社会空间，或者说社会空间萎缩。改革开放以来，老人冲突行动的社会空间是否发生了变化呢？以下我们通过不同时期内的典型案例予以分析。

（一）公开冲突：不回避他者的行动

个案：刘翠梅

问：80年代初期的时候，您和儿子、儿媳妇发生矛盾时，会回避他人吗？

答：那有什么好回避的？那年，儿媳妇惹我生气了，当时，我与儿媳妇正好在门口，就吵起来了，吵架嘛，农村常有的事情。后来，村里人就来看热闹了，七嘴八舌地议论，也有人拉我，也有拉儿媳妇的。讲什么的都有。

问：当时为什么不回避人呢？

答：我为什么要回避呢？农村嘛，不都是这个样子嘛，儿媳妇不像话了，就吵架嘛，吵架急了，还顾得了什么人。我讲，人多了还能评评理呢。我不怕。

问：当时，都有什么人在看你们吵架？

答：那什么人都有。

"不回避"，意味着他们不怕他人目睹冲突事件的发生。甚至老人希望通过他人观看获得某种支持。事实上，当时观看的村民一般来说也会进行不同程度上的劝说。这说明当时村庄人际的社会关系较为紧密，生活中的相互帮助、干涉还比较多。因而老人就不会回避他人，同时希望在冲突中获得一定的支持。即使是在公共空间发生的事件，他们仍然敢于将家庭内部的事务公之于众。这反映了村民把公共空间也作为他们自己的生活空间，而不是将公共空间与私人空间断然分开。

（二）半公开冲突：回避部分他者的行动

70年代末期80年代初期，老人在家庭代际冲突中有较为公开的行动方式；伴随打工现象开始，青壮年逐渐奔向城市务工，农村老人的行动方式是否发生变动呢？将通过典型个案进行解释。

个案：张翠娥

问：80年代中后期的时候，如果您与儿子、儿媳妇发生矛盾了，当有人来了您会停止吵架或者降低声音吗？

答：这个怎么讲呢？有人来了嘛，肯定吵架就要轻些，不过，也看什么人来了，来多少人了。如果人来的少了，也会吵，如果关系好的来了，那还会接着吵架，关系好的，会讲两句，我不怕。人多了，那就不吵了，要是关系不好的来了，那就要停了。不能让人家看笑话。

　　问：为什么要回避人呢？

　　答：因为人多了，人家会看笑话嘛，关系不好的更会看笑话的。

　　"看笑话"，意味着村民之间的人际关系已经开始变化，个人家庭的事件已经不完全能够转化为村庄公共事件，村民对于他人家庭的关心程度已然降低；相反，他者开始抱着"看热闹"的心态，以一种纯粹观众的身份出现在他人的家庭冲突之中。因而，当家庭代际冲突发生时，老人则会回避部分他者。但是，对于一些关系好的村民，老人则仍然不回避。这说明老人仍然希望获得村民好友的支持，但这种支持范围显然已经缩小。同时，这说明人际交往范围的缩小。村庄人际交往已经不再是整体村民之间的互动，而转变为村民小群体内的互动。

　　（三）私密冲突：回避他者的行动

　　在八九十年代，通过个案可以看出，老人的行动方式从不回避他者转向回避部分他者，那么，进入21世纪以来，老人的行动方式是否发生变动呢？可以通过发生在刘大叔身上的案例加以说明。

　　个案：刘大勇

　　问：这些年，如果您与晚辈吵架了，家里有人进来了，您会怎么办？

　　答：家里有人来了，那就不吵了呗。让人看见多不好呀，我不想让人晓得，家丑不可外扬嘛。

　　问：有人来了，不可以帮帮您吗？

　　答：帮？那怎么帮？现在人都忙了，不像过去，人那么闲。现在人家都忙着挣钱呢，谁还有工夫听你的事，我讲，我也不愿意让人晓得，不是好事嘛，可对？

　　在他们看来，现在家务事不希望他者知晓。即使他者知晓了，也起不到效果。这说明当前农村人际关系急剧疏离，村民生活的重心已然开始面向村外，面向务工挣钱。同时，也反映了老人的隐私意识更为增强。

　　由血缘关系、姻缘关系、地缘关系形成的村庄共同体，在经历了30多年的变动后，村庄社会结构已经发生了很大的变化。在城乡二元结构松动，村庄的人口结构开始发生变动后，从80年代中期开始，Y村村民开始逐渐向外流动。如果说，80 年代中期至 90 年代初期的务工仅仅是季节性、临时性的话；那么，进入 90 年代中期之后，青壮年的进城务工则逐渐开始形成长期性、稳定性的特征。当前，在非节日期间，农村已经很少能够看到青壮年人。他们与老人已经形成明显的城乡分居状况。青年人从城市带回来新的理念，现代媒体对农村的影响，市场经济的大力影响等，这些都对农村社会结构造成很大影响。具体而言，村民人际关系日趋理性化，村庄舆论日渐弱化，村民互助行为逐渐较少。

简言之，这些变动都对老人在家庭代际冲突中的行动方式造成影响。根据上述分析的变动过程不难看出，老人的行动从公开的物理空间转向私密的物理空间，从不回避他者的公开空间转向回避他者的私密空间。

本章小结

在改革开放至今，就 Y 村来说，老人行动方式呈现出逐步弱化、私密化的过程。具体表现在四个方面：第一，老人的行动强度趋向弱化。情感投入由高度情感投入趋向低度情感投入，能量消耗由高度能量消耗趋向低度能量消耗。第二，老人的行动烈度趋向弱化。身体暴力由使用工具趋向徒手以及虚假动作，由自杀趋向自残以及虚假动作；语言暴力由骂架趋向吵架以及争论，由自我谩骂趋向自我吵架以及自我诉说；冷暴力由断绝关系趋向不合作以及不情愿合作，由躲避趋向赌气以及生闷气等。第三，老人的行动在物理空间上趋向私密化。由街头行动趋向门口以及屋内。第四，老人行动在社会空间趋向私密化。由不回避他者趋向回避他者。

第四章　老人行动的策略选择

第三章通过分析老人在家庭代际冲突中的行动方式特征发现，他们的行动方式特征趋向弱化、私密化。弱化、私密化的行动方式是老人行动策略选择的结果。随着社会结构的变迁，老人在家庭代际冲突中都使用了哪些行动策略？动用了哪些资源作为行动方式的策略？这是本章重点讨论的问题。

第一节　自身资源策略选择的变动

一　经济资源制裁策略

从社会交换论角度看，任何社会交往行为都可以被认为是交换。冲突也就是在交换中产生的，不管是交换中事实上的不对等，还是行动者主观感受的不对等，都可以引发交换主体之间的冲突。循此逻辑，也可以将家庭代际冲突的动因看成是代际交换存在的问题而产生。本节将着重讨论的问题是，当家庭代际冲突发生之后，老人会动用哪些资源作为行动策略。需要指出的是，随着时代的变迁，代际双方各自拥有的资源发生变化，代际双方对于资源的在乎程度是不同的。正是基于这种对资源的价值评判，即资源对于交换主体的稀缺程度。或者说，交换主体对于某种资源的争夺、在乎程度不同，因此，分析不同时期老人使用哪些资源作为行动策略，才具有研究的意义。

（一）策略一：实物制裁

Y村在改革开放初期，村民外出务工之前，当地收入主要依靠农业，仅仅能够维持温饱。因此，在当时资源短缺的情况下，老人使用一定程度的"物质制裁"，往往会加剧代际的冲突程度。

个案：张丽梅

问：改革初期，当您与儿子发生矛盾时，您能使用"经济制裁"的手段吗？

答：不行，那怎么行呢？哪里有钱呀？自己能过上就不错了。

问：那如果您有些农具了，您会不会通过不借的方式，对付他们呢？

答：哈哈，那个时候，大家都在种地，家伙很重视的。那次，和儿媳妇吵架了嘛，后来她来借东西，当时我的气还没消呢，我就不借。

问：那后来呢？

答：后来？还是吵架嘛，儿媳妇也跟我吵。越吵越厉害。她厉害，我更厉害。

个案：陈秀丽

问：那次，您为什么不给儿媳妇衣服了呢？

答：孙子、孙女的衣服，哪件不是我帮助做的？可是，你看给他们做了，反倒不领情。儿媳妇们呀，怨言多的是。好像给她们干是应该的。

问：您不是已经把衣服做好了吗？

答：我是做好了，不过不是有矛盾了吗？她们来要，实际上衣服就放在柜子里，那时我很生气，我就是不给她们。

问：那后来呢？

答：哈哈，后来就那么的了。

问：矛盾解决了吗？

答：我不给她们，她们能高兴吗？僵持了好一阵呢。我不就是吵吗？

在资源短缺时期，尽管在两位老人所使用的资源根本不能对子辈形成任何影响，但在当时，由于村庄经济水平普遍偏低，对稀缺物质资源的争夺往往成为人们爆发冲突的导火索。在冲突中，老人本希望通过"物质制裁"的策略来反抗子辈，但事实上，这种反抗却又加剧了冲突程度。而在冲突升级的过程中，老人亦会伴有较为强烈、公开的行动方式。

（二）策略二：货币制裁

随着城乡二元结构松动之后，外出务工人员越来越多，其中也不乏相当数量的老人。尽管老人多是从事一些短时的、低工资的工作，但他们依然可以获得一定的经济收入。因此，老人在家庭代际交换中就具有了一定程度的"经济制裁"① 能力。而且，当前极少部分低龄老人，由于他们积累了一些资本，因而他们的"经济制裁"能力更为明显。相比改革开放初期，老人逐渐具有了一定的经济剩余。在家庭代际交往中，部分青年人即使与父母已经分家，但还要从父母那里进行索取，即农村中的"啃老族"。② 这种"啃老"现象在当前一些青年人身上有所表现，这些青年多属于新生代农民工。与第一代农民工相比，新生代农民工的观念更新潮，消费更趋向城市青年的消费方式，且出现部分的"月光族"。③

　　个案：陈坤生

　　问：您是什么时候出去打工的？

　　答：我是80年代出去的，那时候，出去的人很少。

　　问：那你们干什么呢？

　　答：那时候，主要就是桥梁、涵洞的一些活儿，修路呀。那时候，工资低，一天一块五，干了几年。那里的人讲，我能干。后来，就能够承包了，他们讲，小伙子，你愿不愿意承包，当时，我还是有些怕。后来想着，试试吧。就开始领着一帮人干起来了，一直干了20年。大儿子不就是跟我学的嘛。

　　问：那您应该很有钱吧？

---

① 在家庭代际的互动过程中，有些已经分家的儿子，由于收入不高或者懒惰等原因，即使同父母已分家单过，但还会经常向父母要钱。而这些有经济剩余的老人，尤其是极少数经济成功的老人，便有了从经济上支配儿子的权力，即通过拒绝提供经济帮助，迫使儿子服从老人。这就是笔者此处"经济制裁"的意思，是老人在代际冲突中的一种行动策略。

② 转型过程中的农村社会结构，其中的变化情况呈现复杂多样的局面，代际关系整体上有趋向理性化的趋势，也有如贺雪峰教授所指出的新型代际关系的趋势，即父辈的有限付出，子辈的有限回报。但同时，又存在一些青年人持续"啃老"的状况，即父辈在子辈成家后，继续付出经济资源。总之，在农村传统社会结构被打破之后，农村社会出现分化和复杂化的情况，代际关系时而分离、时而融合，但整体呈现分离过程。

③ 关于新生代农民工价值观念、消费观念的研究，详见刘胜《新生代农民工消费方式与身份认同研究——基于南京市的实证调查》，硕士学位论文，南京理工大学，2010年。唐有财：《新生代农民工消费研究》，《学习与实践》2009年第12期。长子中：《当前新生代农民工价值观念透视》，《北方经济》2009年第5期。王春光：《新生代农民工城市融入进程及问题的社会学分析》，《青年探索》2010年第3期。

答：哈哈，有些。

陈坤生是村中最有钱的老人，分家之后，他们的儿子还经常向老人要钱。村民们都讲，陈坤生是最有家庭权威的老人，他的儿子们都听话，他还敢对儿子、儿媳妇发脾气。

个案：陈坤生

问：听说您是村里最有钱的人，是在家里讲话最算数的老人，分家之后，您有时还严厉地批评儿子。

答：哈哈，哪有什么钱呀？在家讲话算数，这个怎样讲？下辈子和你要钱，他不得听你的嘛，他们要钱，就要哄我开心，我生气了，不就不给他们了？我给他们不少了。

问：他们听您的吗？

答：也听，也不听，实际上，用钱的时候，就听。小儿子干的事情，我也不懂，他自己选择的。我也没办法。

从上述对话中可以看出，即使他有一定的经济实力，但也难以控制子辈生活。事实上，如果说他有家庭权威的话，也就是家庭的经济权威，即他们的儿子希望能够获得老人的经济援助。或者说，当儿子惹怒老人的时候，老人可以拒绝提供经济援助予以抵抗。Y村类似个案的老人有五六位，都是在早期的务工中获得了一定的经济收入，属于当时"弄潮儿"。这些老人有一些共同特征，即他们都可以使用经济资源在冲突中有所行动。

上述案例是经济上较为成功的老人，从整体上看，相比过去，Y村一些低龄老人也具有一定的经济剩余，他们有过务工的经历，部分老人当前仍然在务工。计划生育制度实施以后，这些老人的孩子数量开始减少，一般家里男孩都是一个，或者两个。在农村社会中，一个儿子的家庭一般不分家。这些老人勤劳能干、生活节俭，而他们的下辈子则属于新生代农民工。这些新生代农民工思想新潮，消费新潮，他们中也出现了不少"月光族"。因而成家以后，他们不但经济上不援助父辈，而且还继续向父母索要。因此，在这种代际不平等的交换中，一旦代际发生冲突，老人就可以使用"经济制裁"的行动策略。

个案：刘建立

问：您为什么要与儿子发生矛盾呢？

答：他不好好干嘛，我讲，让他学木匠，他要学理发，还要开店。我讲，我不同意。你有本事你去弄钱，他和我吵，和我闹，我就是不给钱。我讲，你已经成家了。不要再来跟我要钱，哈哈。他不听我的，我就不给他钱。他自己干活挣不到钱，动不动就跟我要钱。你说，你能不讲他吗？但我们之间的矛盾不是很激烈，是真的。

八九十年代老人由于自身经济收入所限，他们在家庭代际的冲突中，不可能使用经济手段作为行动策略，而是因为经济原因与子辈发生较为激烈的冲突。近年来，一些较为富裕的老人可以对子辈进行"经济制裁"，但家庭代际的冲突程度却降低了，同时老人的行动强度亦开始弱化。

与改革开放初期相比，当前，老人的"经济制裁"能力有微弱的提高。但事实上，家庭代际冲突的降低，与其说是由于经济交换所起的效果，不如说是由于他们自身向子辈经济依赖程度的降低所导致。换言之，改革开放初期由于 Y 村经济非常困难，家庭代际因为经济争夺引发的冲突较为严重，而当前由于老人经济收入的适度提高，使老人减轻了子辈的负担，因此，代际的冲突得到缓解。当然，一些条件好的老人可以在代际冲突中使用"经济制裁"策略。

二 生产帮助制裁策略

"血浓于水"的观念在中国社会历来受到重视，即使子辈成家后与父辈分开生活，但家庭代际的互助行为仍然较为频繁，老人对子辈依然有这样或者那样的帮助。从农业生产来看，虽然老人体力上相比子辈没有优势，但毕竟有丰富的经验，何况一些低龄老人身体还较好，自己也还很能干。他们仍然可以通过生产经验来帮助子辈。这些低龄老人可以通过是否在农业生产上帮助子辈来"威胁"子辈，即可以将之作为冲突行动策略的一种资源。调查发现，在家庭代际共同居住的时期内，少部分老人曾将是否帮助子辈生产作为他们在冲突中使用的行动策略。

个案：张大勇

问：您有几个孩子？与他们关系如何？

答：我有三个儿子，跟谁合得来，就帮谁。老二不行，不听话。

农忙了，儿媳妇来喊我帮忙，我就不去，我讲，你干你的，我不管。老三听话嘛，我讲，要多帮帮他。干活我高兴呀，我就这样，谁跟我不好，经常发生矛盾，我就不帮谁场子的事情，反正分家了，讲好了，每家都得给我粮食。我想帮谁场子的活，就帮谁家。

子辈外出打工之前，村民的生活主要依靠农业的收成，农业收入的好坏将直接影响到他们的基本生活问题。子辈在与父辈分家之后，既要抚养小孩，又要从事农业生产，在农忙时，他们急需父辈的帮助。而这种农业生产的帮助资源又是父辈所拥有的，因而老人可以把生产帮助作为一种行动策略的资源。

80 年代中期之后，子辈开始了季节性、临时性的外出务工，他们出去以后，庄稼活更是需要依靠父辈的照应。这时候的情况是：一方面，父辈可以增强把生产帮助作为行动策略的资源；另一方面，由于子辈外出务工收入对父辈养老的经济补偿，又使老人降低了使用这种生产帮助作为行动策略资源的合理性。当然，我们从交换论的角度，可以对此现象进行解释，即子辈通过给予一定的经济回报来交换父辈对于农业的照料。无论如何，在这一时期内，老人作为"有用之人"还是会把是否帮助子辈的生产活动作为行动策略的资源。

近年来，Y 村平时已经很少能够看到青年人了，他们大都前往苏州、杭州、合肥等城市进行务工。子辈显然已经几乎完全放弃了从事农业生产活动，却把本该退出农业劳动的老人推向农业生产之中，当然也有部分经济条件好的老人把庄稼地让给他人种植，而仅仅种植一些体力活动较轻的农活，例如，棉花、板栗等。正如许多老人所言："现在干农活的，就是我们这些老人了，年轻人都出去打工了，孙子辈的更是不可能干这个了，恐怕将来我们这里的场子，就没有人种了。"子辈已经几乎完全把生活、工作面向城市，而农业生产活动已然失去往日吸引力。在这种情况下，老人曾经珍视的农业经验已经失去用处。因而老人在代际冲突的行动中，他们往往很难将农业生产帮助作为冲突行动的策略选择，因为农业生产对子辈来说，已经不再重要。

需要指出的是，在村民外出务工之前，整个村民的生活几乎完全依赖农业收入，农业成为村民生活的重中之重。老人具有生产帮助的资源，可以成为理所当然的行动"武器"。但事实上，正是因为这种行动"武器"加剧了家庭之间的冲突。本来，老人使用生产帮助资源在冲突中行动，是为了表达他们其他冲突中的不满情绪，但这种对子辈来说也非常重视的资源，恰恰成为引发进一步冲突的诱因。尽管农业生产现在对青年人来讲，已经无足轻重；但在 70 年代末期 80 年代初期，农业生产对所有村民都是非常重要的收入来源。因此，老人的这种行动策略资源从实际效果来看，一方面可以作为老人强有力的行动策略，另一方面又会导致冲突的升级，或者说引发新的冲突。随着青年子辈逐渐走出农村，退出农业生产活动之后，农业生产对子辈已经逐渐失去往日的吸引力。老人继续使用这种资源作为行动策略，显然已经起不到效果，同时也不会再引发新的冲突。

特别需要指出的是，改革开放初期的家庭一般是多子家庭，即老人同时与多个已经成家的儿子互动。在农业生产中，帮助资源的不均衡势必也会加剧代际的冲突，正如老人所言："一碗水难以端平呀，端不平，矛盾就多，帮了还不如不帮呢。"本来，老人可以将农业生产帮助作为行动策略的资源，复杂的家庭关系，对农业生产的高度在乎，使这种行动策略资源反而丧失其应有的效果。使冲突非但没有缓解，反而有上升的趋势。随着子辈逐渐放弃农业生产之后，老人也就不再使用这种资源作为行动策略，家庭代际由于农业生产上的纠葛也就随之消失。

三　隔代抚养制裁策略

在农村社会中，隔代抚养被村民们认为是天经地义的事情，尽管老人抚养第三代需要付出很大的精力，但他们并不认为这是一件痛苦的事情；相反，他们却认为这是一件非常幸福的事情，因为"儿孙绕膝"是传统家庭的理念。但是，隔代抚养也会引起家庭代际冲突，进而成为老人行动策略的一种无形资源。改革开放以来，这种以隔代抚养作为资源的行动策略是否发生变化呢？以下我们通过具体案例进行分析。

个案：王光美

问：您有几个儿子？几个孙子？

答：我有三个儿子，每家都有孩子，老大家两个，老二家一个，老三家一个。

问：孙子您管吗？会因为这个发生矛盾吗？

答：哪个不是我抱大的？都是我帮着带大。有矛盾嘛，我讲，你帮着带这个了，那个不愿意。老三在外面干活，所以，孩子就整天放在我这里，老大、老二在家，我讲，你们的孩子自己带。老大、老二媳妇就不愿意了，她们讲，为什么带老三的孩子，不带她们的孩子。就和我吵，我也和她们吵。

问：那您怎么办呢？

答：后来没办法了，我讲，老三的孩子我也不带了，谁的孩子都不带了，你们自己想办法吧。好人难当呀。

一次偶然的机会，笔者遇到了王光美的儿子。他说："当我们得罪了上人，他们是要报复我们的，搞得不愉快了，就不给看孩子了。不过那时候，也没什么，父母不给看了，我们就自己看呗，反正那时候也在家里。现在不行了，我们都在外面打工，父母不看不行呀，我们在城里就挣那点钱，孩子去不了呀。"由此不难看出，当时虽然王光美可以动用隔代抚养资源进行"制裁"子辈。但不可否认的是，这种资源动用的效果没有现在效果好。

个案：陈美翠

问：在抚养孙子方面，您与下辈子有矛盾吗？

答：我整天省吃俭用地带着孙子，可是儿子就是不肯多给些钱。我讲，这个不行呀。他在城市打工，常年不回来。我讲，你要是还这样，孩子你们自己带，我不干了，我给你带孩子，图个什么呀？我不干了。

随着青年外出进城务工现象的不断增多，老人隔代抚养的任务越来越重。从Y村来看，从外出务工现象出现以来至今，除了极少数在城市务工成功的子辈有能力将孩子随同他们在城市生活之外，绝大多数子辈没有能力让孩子在城市中生活、学习，因而将孩子托付给农村的父母仍然是他们的首选。因此，如果进行历时性比较的话，我们发现老人抚养孩子的任务正在加重。① 同时，也可以将隔代抚养看成老人行动策略的一种资源，

_____

① 这里所说的隔代抚养任务加重，是指老人对于单个儿子来说的。改革开放初期的家庭中，大多家庭都是多子家庭，老人需要同时看多个儿子的孩子，因此老人的隔代抚养资源是分散的。就单个儿子来说，当时他们获得的隔代抚养资源少于现在。何况，当时儿子也在家务农，他们自身也可以抚养孩子。需要指出的是，在多子家庭中，家庭关系非常复杂，子辈经常与老人会形成错综复杂的关系。就隔代抚养来说，老人经常会因为隔代抚养资源的分配不均，或者子辈认为老人的分配不均，而引发代际的冲突。计划生育政策实施以来，家庭规模迅速缩小，当前老人的家庭中，多是一个儿子，或者两个儿子。儿子都在城市务工，老人在家负责照顾孙子、孙女，因此，现在老人的隔代抚养资源增多。

且这种资源的力量越来越重要。从逻辑上讲，老人越具有较多的资源，他们就越有较强的行动能力。换言之，他们就可能在代际冲突中使用激烈的行动方式。但事实上却发现当下的行动方式是温和的、私密的。那么，如何解释这种现象呢？实际上，我们若要理解这种现象，必须回到老人的日常生活、精神生活以及当前的社会环境中来。

　　个案：夏翠娥
　　问：您能讲一下现在有关照顾孙子方面的事情吗？与媳妇有矛盾吗？
　　答：现在，儿子、媳妇都去城市打工了，常年都不回来，我们老两口就这么看着吧，有什么办法呢？
　　问：有矛盾了，您会通过孙子来制裁他们吗？
　　答：哈哈，一般现在矛盾也少了，就是有矛盾了，你能怎么样呢？现在年轻人厉害了，我们不行了，不敢说什么，将来不得靠他们吗？你在看孩子方面，把矛盾搞坏了，媳妇、儿子都不愿意呀，现在不管怎么说，他们每月都给钱。嗨，看孩子任务，不比以前的老人轻呀。

　　儿子、儿媳妇经济收入的提高，有助于缓解婆媳之间冲突。一般来说，出去务工的多是青年女性。同时，媳妇外出务工之后，由于隔代抚养的问题，对婆婆更为依赖，婆婆的作用更为重要，因此婆媳矛盾有所缓和。"以前儿子、儿媳结婚后赡养公婆是天经地义的，现在婆婆不得不以'小心翼翼'照顾好孙子孙女来获得养老保险。"[1]
　　无论从已有的研究文献中来看，还是从笔者对 Y 村实际的调查经验来讲，改革开放至今，家庭代际关系的失衡程度在日益加剧。也就是说，老人进行着无限的付出，而子辈却越来越进行着有限的回报，这是引发代际冲突的根本原因。从整体上说，老人在家庭代际关系中，处于弱势被动的地位。传统的伦理型终身代际交换关系，日渐被子辈理性化了，即逐渐转向理性短时性代际交换关系。这样一种转变，使老人那种通过抚养子辈，换回子辈赡养的反馈关系出现危机，老人通过一生辛苦将子辈抚养成

----

① 孙敏等：《社会变迁下的婆媳关系诸态研究》，《杭州市委党校学报》2010 年第 2 期。

人成家立业之后，未必能够换回子辈的良好赡养。代际交换被一种新型的理性交换关系所吞噬，即老人在子辈成家之后，是否能够继续为子辈服务。或者说，老人是否还具有交换资源。正是在这个意义上，现在的老人具有更多的隔代抚养资源。也就是说，老人对于子辈更有用。因此，子辈就会更多、更好地进行赡养。事实上，家庭代际冲突中主要原因是由子辈引发的。试想，老人已经付出了巨大的抚养代价，难道不应该理直气壮地获得回报吗？但随着孝道规范的不断变迁，家庭代际关系越发失衡，不孝现象进而不断出现。使老人必须通过对子辈"有用"来换取儿子的赡养。

现在来整理一下上述逻辑思路，在代际关系日益失衡的情况下，子辈对于老人的赡养出现了伦理性危机，代际关系中出现理性短时交换的成分。因此，老人是否具有资源进行交换，就成为老人是否能够获得较好赡养的筹码。因为老人具有较多的隔代抚养资源，对子辈更为有用，所以，子辈更加孝敬老人。因此，家庭代际冲突趋向减少，同时，老人在代际冲突中的行动强度、公开度趋向降低。

第二节　社会支持策略选择的变动

一　社会网络支持策略

社会网络是指能够对个体进行支持的人际范围，农村老人的社会网络，指老人在村庄中可以动用的帮助群体。老人需要帮助时，这些网络成员可以提供一定的物质上、情感上以及精神上的援助。调查得知，改革开放初期 Y 村存在部分老人将代际冲突诉诸公开的情况，老人在冲突中试图卷入较多的人数。我们的问题是，他们为什么要这样做？以下通过一个典型案例予以分析。

（一）策略一：动用大范围社会网络支持

个案：刘胜利

问：80 年代初期的时候，当您与儿子、儿媳妇矛盾无法解决时，您一般会找谁帮忙呢？

答：那时候，村里人都很熟，有矛盾了，可以找的人多了，比如，家族中的老人呀，亲戚呀，邻居呀，干部呀，都行，来家讲讲都行的。

问：您为什么要找人帮忙呢？

答：你看，关系都不错嘛，自己的事情处理不好了，不得有个中间人吗？人家一讲，大家不就下台阶了吗？要不僵着，不行呀。

问：那为什么能够找到那么多人呢？

答：那时，村里人来往多嘛，大家天天在一起，事情不都是相互帮吗？

由上述个案不难看出，老人在冲突中可以选择的网络资源较为宽泛。老人所以选择大范围的社会网络支持，是因为当时村民之间的关系仍然较为紧密，他们之间的日常联系颇为频繁，因而在老人与子辈发生冲突时，老人可以动用的社会网络资源也较宽泛。那个时期内，村民生活、生产都在农村，村民之间的互助行为非常多，因而老人可以选择范围较大的社会网络支持。选择大范围的社会网络支持，不但可以直接帮助解决冲突，而且还可以通过村庄舆论对子辈形成一定的压力。这也说明了当时村庄敬老、尊老的传统观念力量仍然起着一定的作用。

（二）策略二：动用小范围的社会网络支持

调查显示，进入90年代之后，老人在代际冲突中卷入大范围社会网络关系的案例急剧减少。随之而来的是，部分老人在冲突中仍然会动用一些社会网络关系资源，但卷入人数开始减少。问题是，他们为什么要这样做？以下通过典型案例予以分析。

个案：赵海洋

问：90年代的时候，您与儿子、儿媳妇发生冲突时，会找谁来帮忙呢？

答：哈哈，找人嘛，可以找，不过得看找谁了，一般会找关系好的，关系一般的，不会找。

问：为什么？

答：关系好的，我讲，能叫来嘛，关系一般的，人家来吗？不来，那不是白费嘛。不像过去，大家都熟悉。

问：为什么有些关系一般了呢？

答：你看，村里有些年轻人都出去打工了，过去与儿子闹矛盾了，我就找儿子的朋友讲讲，现在人家有时不在家。我们这些老人的关系也有变化，过去经常借借东西了，都挺好的。现在，家里都有家伙①了，也就不再借了。不借了，自己方便了，反而关系一般了，哈哈。

村庄的人口流动已经开始影响老人的行动策略选择，过去老人可以动用子辈的朋友进行劝说。而当子辈的朋友外出务工之后，显然已经影响到老人对社会网络的选择。另外，村庄中老人们之间的社会交往，在这一时期内，也同时发生了悄然变化。生产互助的降低，导致他们交往的减少、关系的疏离，因而在老人与子辈发生冲突时，老人可供选择的社会支持网络范围开始缩小。

贺雪峰曾深入分析了市场经济条件下乡村社会人际关系越来越理性化的现象。他认为，中国传统社会血缘关系的义务与西方社会血缘关系的义务有所不同。

"中国人的血缘关系深受儒家孝悌思想的影响，每个人都被儒家思想在血缘关系的网络中安排了具体的道德义务，而家族制度进一步在组织和制度上强化了这种义务。西方的宗教信仰和国家观念则大大削弱了血缘关系中的这些义务。"② 这种差异也即中国传统社会是"差序格局"而西方社会是"团体格局"的理由所在。贺雪峰进一步分析道："在差序格局解体的时候，人们自己选择关系，这种选择的关系，依他们的理性算计。市场经济和现代传媒则为农民提供了进行理性算计地交往朋友的理由。人际关系与经济利益越来越紧密地挂上了钩，人际关系变得越来越理性化了。"③

（三）策略三：自我支持

进入 21 世纪之后，老人在代际冲突中动用大范围社会网络关系、部分社会网络关系的案例急剧降低；相反，他们在代际冲突中更多的是拒绝寻求支持。为什么会发生这种变化？通过赵丽娥的案例进行分析：

---

① "家伙"就是农业工具的意思。
② 贺雪峰：《新乡土中国：转型期乡村社会调查笔记》，广西师范大学出版社 2003 年版，第 34 页。
③ 同上书，第 35 页。

个案：赵丽娥

问：当前，您与子辈发生矛盾时，会寻求他人帮助吗？

答：哈哈，一般不会。现在呢，孩子们都出去打工了，平时也见不着了，矛盾也少了，就是有矛盾了，也不必找人嘛，自己讲讲就是了。

问：为什么？

答：现在村里平时没有青年人，过去儿子的朋友会来劝架，现在就过年回来一次。我儿子也是过年才回来，就是过年发生矛盾了，人家都在家过年呢，你能找人家来劝架吗？不行的，我们这些老人呢，来往也不多了，平常就是见面了讲讲话，没什么多的交往。现在老人好像也开明了，不管别人家的事情了。

当前 Y 村绝大多数青年一辈已经外出务工，甚至有些儿童也跟随父母进城上学了。村民之间的实质性交往日渐减少，家庭代际交往也因为子辈的外出务工而相应减少，同时家庭冲突也日益减少。即使家庭中发生代际冲突，老人受制于社会关系网络力量的弱化，他们也很少寻求社会关系网络的支持。而是将家庭冲突放在家庭内部进行解决。

在市场经济浪潮下，Y 村农民的确受到了很大的影响。村民们曾经非常珍视的价值观念，被经济的驱动力所掩盖。村民模糊性交换被货币化为清晰的短时性交换，人际的感情交换日渐退出村民的日常生活。这导致了村民关系的急剧理性化，人们不再过多干涉他人的家庭事务，这使老人在家庭代际冲突中的状况难以受到村民的关注和帮助，致使老人更为孤单，老人在冲突中的行动必须趋向私密化。

在 Y 村调查期间，发现一些典型清晰交换的事件。例如，赵阿姨向刘大叔借用了一些白面，按照传统农村生活习惯，这是不需要用钱来进行清晰计算的。赵阿姨可以在将来以其他方式进行回报，将"借面"这件事作为一种人情交往。但令笔者意料之外的是，赵阿姨竟当面要求刘大叔称重，并当面付钱。这无疑是一种非常清晰的交换过程。事后，刘大叔告诉笔者："现在人情薄了，人都不愿意欠对方的，如果这次欠了，还得想着下次怎么还呢。"从刘大叔的回答中我们不难看出，村民之间的人情关系已经非常淡化，人际关系日益货币化、理性化。

20 世纪 70 年代末期至 80 年代初期，Y 村内家庭盖房一般是村民之间免费帮忙。每家盖房都是如此，帮忙的人也非常热心，因为他们知道自己将来也要盖房，村民之间保持一种长期的交换过程，彼此之间互助是一种极为模糊的交换过程。但是，80 年代中期之后，这种免费帮忙的现象开始逐渐减少，至 80 年代末期这种现象就已经消失。盖房变成承包给别人，免费帮助现象日渐消失。盖房是如此，其他方面的帮助也基本上雷同。简言之，改革开放以来，Y 村的村民交换关系呈现出由模糊趋向清晰的转变过程。这种转变的好处是，减少了由于交换模糊①而引发的村民之间的冲突；但坏处却是，降低了村民之间的关系紧密度和感情。村民接触开始减少，关系逐渐淡化，村庄由一个熟人社会，日益转变为半熟人社会。②

不仅村民关系逐渐理性化，而且干群关系也日渐开始疏远，当然，这跟农村制度变革有一定的关系。农业税取消以后，农村中的组织干部没有什么事情可干，村组织转变成"悬浮型"政权组织。③ 农业税取消之前，干部与村民之间还有定期联系，在此过程中，尽管干群之间也存在一定的矛盾。但是，由于事务上的频繁接触，使干群联系颇为紧密。村民家庭矛盾也愿意通过干部来解决，干部也乐意去进行调节。然而，农业税取消的这种制度性变革，尽管大大改善了农民的生活状况，但因为干群之间事务性的来往极度减少，因而其关系也变得更加疏远。被采访的多数老人都讲道："现在我们与干部之间没有什么来往，过去干部还来收费用，现在不用收了，没什么事情，成年间也没有接触。"

过去，村干部不仅仅是执行上级任务的组织，至少对 Y 村来说，在七八十年代，村干部还经常会调节家庭代际发生的冲突事件。不但村干部会主动前往村民家参与调解，而且村民也会主动寻求村干部支持。然而当前，干部调节村民家庭矛盾的现象却越来越少见。一方面，村民的隐私观念不断增强，不愿意将家庭事务诉诸公开；另一方面，干群之间事务性来往极度减少，他们之间的关系日益疏离，这也导致干部不愿意去干涉村民

---

① 虽然模糊交换含有较强的人情味，但正是这种模糊性，经常引发村民对于是否对等的冲突，于是在情感包裹下的模糊交换过程中，人情味与冲突同时并存。这就是改革开放初期村民互动的特点。

② 有关半熟人社会的研究详见贺雪峰《半熟人社会》，《开放时代》2002 年第 1 期。

③ 周飞舟：《从汲取型政权到"悬浮型"政权——税费改革对国家与农民关系之影响》，《社会学研究》2006 年第 4 期。

家庭事务。

"面向村庄以外生活的村民和村干部，谁也不愿意对村庄的未来作出承诺，村庄也没有稳定的未来预期。既然村民是在村庄以外获取收入且在村庄以外实现自己的人生价值，村民就很容易割断与村庄的联系。"① 从Y村调查来看，尽管村民外出务工挣钱之后仍然在家盖房，甚至还有"面子竞争"的攀比现象。但是，村民其实并不关心村庄事务，也不关心其他村民的事务。他们之所以在家盖房，是因为他们目前没有逃离农村的资本，只是把农村作为一个最后的栖身之地。正如原妇女主任赵大妈所讲，"我儿子在苏州干活，现在能挣到一些钱，将来万一不能挣钱了呢？在城市生活那么不容易，开支又大，老了回农村生活费用小。所以，是我坚持让他在家盖房子的，当然，他自己也同意在家盖房"。但是，当讨论到村民是否关心村庄事务时，赵大妈却认为："现在村民不行了，不再关心了，即使干部也不如我们那时候关心大家的事情了。"

正是基于上述方面的变化，因此，老人在难以获得村庄社会网络支持的情况下，他们必然将家庭代际冲突诉诸私密。

二　村庄舆论支持策略

从某种程度上说，村庄舆论是在村庄公共空间形成的，村庄公共空间存在与否将直接影响到村庄舆论的力量大小。何兰萍在其研究中，从生活型公共空间、休闲型公共空间、事件型公共空间、组织型公共空间等方面，论述了村庄公共空间的弱化。② 从笔者对Y村的调查发现，Y村的公共空间也出现了类似的变化过程。村民在田间地头、水塘边上等公共生活空间内共同娱乐现象大为减少；他们在村头、商店等聚集说闲话的场景也逐渐稀少；婚丧仪式中，村民对于村庄内部事务的沟通转变为对于务工经济的探讨；宗教信仰有抬头的迹象。③

公共空间形成的村庄舆论曾经能够形成一种强大力量，可以对村民行为形成制约和保护。村民在公共空间里无所不谈，人们之间的熟悉程度相当高；当然，家庭代际事务往往也是公共空间内热衷谈论的事情，例如婆媳纠纷就是村民们非常喜欢讨论的事情。这种曾被村民认为是"长

---

① 贺雪峰：《村庄的生活》，《开放时代》2002年第2期。

② 何兰萍：《从公共空间看农村社会控制的弱化》，《理论与现代化》2008年第2期。

③ 在笔者调查期间，Y村正在修建一座崭新的教堂，一些闲来无事的老人就会去教堂。在此过程中，似乎又结成一种社会关系。

嘴舌"、妇女的"唾沫星子",足以"淹死人",无形中能够成为保护弱者的有力"武器"。尤其是在传统孝道观念仍有市场的80年代初期的Y村,大多数村民还坚持认为,孝敬老人是天经地义之事。因而,老人在家庭代际冲突中,诉诸村庄舆论是再合理不过的行动策略选择,例如老人在街头谩骂不孝的儿子、儿媳妇,就是老人使用村庄舆论支持的有效行动策略。

80年代中期之后,Y村村民外出务工人数逐渐增多,村民的社会流动对村庄舆论造成了很大的冲击。村民流动到在村庄之外后,他们就日渐脱离、逃避了村庄舆论对他们施加的压力。而且,随着他们离开村庄的时间越久,他们对村庄舆论在乎程度就越低。到90年代中期,当绝大多数村民外出务工之后,村庄舆论开始极度式微,原因就是村民们越来越不再将村庄作为他们生产和生活的共同场所,而村庄仅仅变成他们的出生地、户籍所在地以及节日期间的"度假地"。需要指出的是,当村民们的公共空间极度萎缩之后,村庄舆论自然难以发挥力量以及难以重建。在这样的背景下,即使村庄有公共空间、公共舆论,但其也难以真正发挥作用。于是,老人在与子辈发生冲突之时,他们开始不再寻求村庄舆论的支持,就是再合理不过的事情了。笔者通过对Y村30年来家庭代际冲突的梳理发现,老人使用村庄舆论作为支持资源的策略呈现日渐减少的趋势。原因就是村庄舆论力量微弱。或者说,即使存在村庄舆论,人们也不再关注,致使舆论难以发挥应有的作用。

村庄舆论是村民在共同生活中形成的一种对个体具有集体性压力的力量,在农村社会中,越是村民关系紧密,互动频繁,这种村庄舆论的力量就越强大。改革开放以来,农村社会结构发生了很大变化。与此同时,村庄舆论亦发生较大转变。调查发现,随着Y村人口结构的变动,青壮年村民的外出务工,现代媒体的侵入,村民关系的理性化,村庄舆论的力量开始逐渐式微。村民曾经非常在乎的他人评判现在开始变得不再那么重要。在这样的过程中,老人可以动用村庄舆论作为支持的行动策略亦发生变动。在老人冲突行动中,当80年代初期村庄舆论还颇为有力,孝道观念还颇受人们强调的时候,老人理所当然有较强的动机选择寻求村庄舆论支持。改革开放至今,老人动用村庄舆论的策略有显著变化,以下通过三个典型案例予以说明。

（一）策略一：动用村庄舆论

个案：张丽梅

问：您为什么要在街上讲儿媳妇的不是呢？

答：我让大伙听听嘛，让大家评评理嘛，要不还不把我气死了。

问：您不怕人家笑话吗？

答：笑话就笑话，那有什么？都是一个村里的人，谁家不知道谁家呀？有什么好丢人的？我就讲。我气头来，我不管。

（二）策略二：动用小群体舆论

个案：张翠娥

问：90年代初期的时候，在婆媳矛盾中，您是如何反应的？

答：村里人来往有变化，有些人已经不在乎别人闲话了，婆媳矛盾的事情，就是邻居讲讲呀，熟人讲讲呀，其他人就不讲了。所以，你要想让整个村里人关心，是不行了。我与儿媳妇发生矛盾了，在家门口讲讲，我觉得有用，媳妇也觉得不好看嘛。邻居们会议论这些事情的。

（三）策略三：拒绝动用村庄舆论

个案：张美恩

问：您是如何看待与儿子、儿媳妇的矛盾的？

答：现在不行了，儿子、儿媳妇厉害了，我们不敢在公开场所讲了，我们一讲，儿子、儿媳妇就讲，有什么事情不能在家讲吗？你要再到外面讲，我们可就不管你了。再说了，现在村里人的来往也少了，各顾各的，你就是出去讲了，也没人听了。人家都不愿意再管了。

上述三位老人动用村庄舆论的行动策略，已经发生非常明显的变动。他们的行动策略之所以发生转变，是由于村庄舆论本身已经出现变化。那么，我们如何理解村庄舆论的变化呢？我们可以通过农村社会生活中聚集吃饭现象的变化说起。

在农村社会，村民之间沟通信息、建立联系的一种较为常见的方式，就是村民聚集在一起吃饭聊天，有研究将这种现象称为"饭市"。"饭市"是信息沟通的场所，是舆论形成的场所。"饭市"中的种种讨论，对村民之间的事务能够形成强大的压力。① 家庭代际的冲突亦在讨论话题之列。在 Y 村的调查中笔者发现，改革开放至今，"饭市"经历了衰退的过程。

"饭市"为什么会衰落呢？主要和电视进入农村有直接关系。在 Y 村，80 年代之前没有电视，"饭市"成为人们重要的娱乐之地，在这里有聊天、争论甚至打闹。1990 年，Y 村有了第一台十四英寸的黑白电视机，当时成为一个非常新鲜的事物。之后的几个月内，村庄内有了第二台；到 1995 年、1996 年的时候，Y 村就有了七八台电视；之后，村庄中就几乎家家都有电视机了。应该说，电视机的进入与"饭市"的衰落有着直接的关系。村民从"饭市"的公共活动中日渐转向家庭内部，村民联系随之减少；与此同时，村民之间相互干涉程度亦日渐降低。家庭事务不再能够成为村庄公共事件，而仅仅是家庭内部的事务。"饭市"曾经是讨论家庭内部事务的重要场所，许多家庭代际冲突经常被放在"饭市"上议论，例如，人们会热衷于议论婆媳之间矛盾，父子之间隔阂，甚至婆婆也会对人们进行诉苦。"饭市"曾经是调解家庭代际冲突的场所，村民会对代际的冲突进行劝说，对弱者形成一种声援，对强者形成一种压力。总之，这里有着村民之间事务上的相互干涉。

杨华在《村庄舆论控制模式的变迁》一文中指出，传统农村社会存在两种村庄舆论控制模式，即"当面说"和"背地里说"。"当面说"是指人们对于村庄的某些人和事敢于进行面对面的指责和评价，"背地里说"是指人们不愿意当着面对当事人进行批评，而是在背后进行议论。笔者认为，在传统社会中两种舆论控制模式同时存在，且能够发挥效用。然而，当前农村的这两种舆论控制模式都出现了问题，有些村庄的两种舆论控制模式都不再起作用。② Y 村调查中也发现了这种变化过程，70 年代末期 80 年代初期的时候，村民之间还能够对于一些事件进行当面和背后

---

① 陈新民等：《电视的普及与村落"饭市"的衰落——对古坡大坪村的田野调查》，《国际新闻界》2009 年第 4 期。

② 杨华：《村庄舆论控制模式的变迁》，《上海城市管理职业技术学院学报》2008 年第 2 期。

的议论和指责，随着子辈外出务工的增多，村民关系的疏远，当面讲的人变得越来越少，理由是人们都不再愿意干涉他人家庭的事务，不愿意得罪人。村庄中曾经有着一套较为一致的价值评判标准，对于出现问题的村民，人们可以利用确定的标准进行评判，且整个村庄都认同这套标准，因而被指责的人也难以找到辩护的其他理由。然而，随着现代观念对农村社会的侵入，外出务工村民思想的变化，村庄那套固定、清晰的标准逐渐开始变得模糊不清。因而就会出现"公说公有理，婆说婆有理"的局面。

杨华在对李庄研究中列举两个案例，即80年代初期的婆媳冲突中，因为老人生气，之后导致了媳妇的自杀；而20年之后的2005年的婆媳冲突中，结果竟然是老人离家出走。杨华认为，这是村庄舆论变化的结果，即曾经对老人有利、有力的村庄舆论，逐渐变得不再对老人有利、有力。[①] 村庄舆论作为农村社会的一种结构性力量，曾经对村庄的个体能够起到保护和约束的作用，而一旦这种结构性力量消失或者发生转变之后，老人的命运则相应发生转变。

长期以来，社会保障制度并没有覆盖到农村社会，老人晚年的保障必须由家庭承担。在传统社会，这种家庭保障基本不成问题。从传统孝道文化的角度讲，国家和社会弘扬一种以孝治国的制度；从生产、生活经验的角度看，老人处在有利的位置；从资源掌握的角度说，老人是土地、家庭财产的掌握者；从农村社会环境的角度讲，农村社会是一种稳定、不流动的社会，因此，老人晚年生活能够得到保障。简言之，在传统社会中，老人能够获得子辈养老[②]的事情不容置疑，这是天经地义的。然而，当上述社会条件都发生变化之后，老人尽管对子辈进行了无限的付出，但却难以保证将来能够换回子辈的良好赡养。家庭养老逐渐演变为一种不再确定的事情。因而就出现当前一些中年父母，甚至低龄老人开始使用"留一手"的现象，即他们不再对子辈进行无限付出，他们对子辈的信心开始下降。这样就形成一种有限付出、有限回报的新型代际关系[③]，但这种新型代际

---

① 杨华：《当前我国农村代际关系均衡模式的变化——从道德性越轨和农民"命"的观念说起》，《古今农业》2007年第4期。

② 抛开自然条件的因素，例如天灾人祸等，一般来说，绝大多数老人还是能够得到赡养的，尽管有些老人获得赡养状况不理想。在传统社会，孝道受到国家的高度重视，并且土地私有制度保证了老人的家庭资源控制权和分配权。

③ 有关新型代际关系研究详见贺雪峰《农村家庭代际关系的变迁——从"操心"说起》，《古今农业》2007年第4期。

关系却是以牺牲部分亲情为代价的。这将对传统几千年的家庭伦理造成很大的冲击，这是我们不得不思考的问题。

20 世纪 90 年代初期之后，Y 村开始出现大规模的外出务工现象，但他们外出务工的目的仍然是务工挣钱而后到家建房、改善生活。从村庄房屋的变化就可以看出务工村民的行动逻辑，且他们在建房上存在明显的"面子竞争"。Y 村 70 年代之前的房屋基本上都是茅草屋，后来建造了瓦房。90 年代村民外出务工经济收入提高之后，他们开始建造砖房，之后有人开始建造楼房。当前，Y 村村民只要建房，一般都是建造楼房。应该说，90 年代以来 Y 村在房屋建设上的花费越来越多，且有较为严重的攀比现象，尽管这些住房几乎常年空闲，但这并没有减少他们建房的热情。然而，最近几年 Y 村又出现了一种新的迹象，即村民对建房态度出现多元化的想法。有些村民还是坚定不移地要建造更好、更贵的楼房，但另外一些村民则有在城市买房的愿望，他们开始积攒逃离农村的资本，这种观念在新生代农民工身上表现得非常明显。他们不再热衷于通过建房来获得村庄之内的面子竞争，而将目光投向村庄之外，这无疑对村庄的主流价值体系造成一定的冲击。

"因为存在面子上的竞争，村庄的主流价值才得以维系，村庄作为一个伦理共同体的存在才有所可能，进而有可能成为生活互助、公共合作方面的功能性共同体。而一旦发生不遵守面子竞争规则或退出面子竞争系统的行为，如果村庄对之缺乏必要而有效的约束，一定会伤及村庄本身，使其伦理性无法维系，进而使其功能性遭到破坏。"[①] 尽管过度的"面子竞争"会影响个体的生活质量，加剧村民农村生活的成本[②]，但"面子竞争"意味着个体对群体有较高的在乎程度。因为在乎他人的评价，所以才会极力去竞争，试图在村庄中获得更高的评价和声望。尽管村庄之内的竞争行为未必能够获得村庄之外的认同，但对于村庄之内的人来说，只要本村人认同这种地方性规范，就能够为"竞争者"带来荣耀。从 Y 村现在出现的这种退出"面子竞争"的迹象来看，无疑村民已经逐渐开始降低对于村庄的认同程度。而低度村庄认同的村民之间，也难以建立紧密的

---

① 陈柏峰等：《也论"面子"——村庄生活的视角》，《华中科技大学学报》（社会科学版）2007 年第 1 期。

② 笔者在这里的意思是，因为过度强调面子，因而会在一些方面过于浪费，而另一方面又会过于节约。这样一来，导致村民的生活压力非常大。

人际关系。这样，当家庭代际关系发生矛盾之后，村民的干涉已经不再可能，老人在冲突中的行动也不可能诉诸公开。

第三节 孝道规范的重构

第一节中分析了在不同时期内，老人代际冲突运用了经济、生产帮助、隔代抚养等资源，即分析他们是如何理性地进行策略选择的，说明了他们的行动方式赖以进行下去的自身资源条件。第二节中分析了老人使用社会网络关系、村庄舆论支持的行动策略，这说明了他们的行动方式可以进行的社会条件。现在的问题是，老人行动方式的合法性依据是什么呢？即他们的行动方式所遵循、所使用的规范是什么呢？换言之，他们是靠什么作为他们有力的支持呢？在不同时期内他们寻求的这种规范支持是否有变化呢？这是本节试图回答的问题。

一 顺从型孝道规范策略

费孝通认为，反馈模式具有相当悠久的历史，甚至可以说是中国文化的一项特点，很早就有许多维持它的伦理观念。"儒家所提倡的孝道可以认为是这种在社会上通行的模式的反映，转而起着从意识形态上巩固这种模式的作用。在民间，广泛流传的'二十四孝'是通过事例进行普及这种模式的教材"。[①] 养儿防老，父辈养育子辈、子辈孝敬长辈，这是中国传统社会中不容置疑、天经地义的观念，历来受到国家、社会的弘扬和鼓励。近代以来，中国社会经历了种种社会运动，在此过程中，部分传统孝文化被批判为"愚孝"。传统孝道受到了很大冲击，父辈高高在上的家长权威受到巨大动摇。然而，作为稳定、不流动的农村共同体生活虽受到很大影响，但整体上说，敬老、尊老传统仍然存在。

在20世纪80年代初期的老人观念里，尊老、敬老仍然是做人的本分。他们依然把这种观念作为自己与子辈相处的指导思想。因而，在家庭代际发生冲突，尤其当子辈表现出明显的不孝敬行为时，他们便会将传统规范作为自己的"护身符"，通过讲述自己如何孝敬长辈，来训示、教育

---

① 费孝通：《费孝通社会学文集社会学的探索》，天津人民出版社1983年版，第84—103页。

子辈应该如何行为。在笔者看来，这也是他们抵抗子辈不孝敬行为的一种理论依据。非常有趣的是，无论父辈是否能够做到一个完美的孝敬老人者，但在他们对子辈的冲突行动中，他们都会将自身塑造成一个"孝子"，扮演成为遵循传统孝道规范的角色。因而可以认为，这就存在两种扮演，即真实扮演和虚假扮演。

（一）策略一：真实扮演孝子

Y村村民之间的互帮互助行为非常频繁。村民们敬老、尊老的观念依然较为强烈，尤其是老人更是持有这种观念。尽管相比传统农村社会的孝道文化，当时的村庄孝文化已然发生变化。子辈争取独立、妇女争取自身权益的意识不断增强，但没人敢公开质疑孝敬老人、尊敬老人的基本价值理念。[①] 正因为如此，当子辈不能做到孝敬老人时，作为老人行动的思想资源，他们便会通过诉说自身的亲身经历，来训示子辈、教育子辈应该如何做人。需要指出的是，尽管没人敢公开质疑孝道规范，但事实上不孝现象正在发生。正是这种村庄存在的孝道规范与子辈行动的矛盾，成为老人利用规范在冲突中行动的原因。"无违""顺从"是传统孝道的重要内容，因此老人秉持的"顺从型"孝道观念与子辈的"违抗"行为之间便产生冲突，同时老人也具有较为明显的行动方式。

个案：刘胜利

问：刘大爷，您与儿子冲突的时候，您会怎么说服子辈？

答：我一般脾气还好，那次，家里有事，来了好些客人。吃呀、喝的，忙得很。最后，客人们都走了，我们老两口，忙着收拾，我让他们干，可儿子、儿媳妇却去睡觉了。当时，我就很生气，他们也看到了。第二天，我就把儿子叫来了，我讲，你们做子辈的，可不能这样。当年，我成家以后，就很少让你爷爷这么累的。白天我去场子干活，晚上还要伺候老人洗脚、睡觉，你看，你们呢？这样可不好呀，一点儿都不听话。

---

① 当然，不敬老的现象正在发生过程中，实际上，这一时期已经有子辈不敬老的迹象，个别家庭还比较明显。但迫于整体村庄的舆论力量，以及孝道规范的滞后效应。这一时期内的子辈多不敢公然挑战孝道规范，即使有些子辈未能做到孝敬。但当他们谈论起做人的道理时，他们还是将孝敬老人，认为是做人的美德。简言之，这一时期，孝道规范仍有一定的力量，但不敬老的迹象也已经逐渐开始。

在刘大爷看来，孝敬老人、顺从老人理所当然，因为他们就是这样做的。而当他们看到子辈未能够如同他们一样孝敬老人、服从老人时，他们必然感到心理失衡，于是，刘大爷有意、无意地拿起传统孝道规范来说服子辈。不难看出，刘大爷是通过扮演遵循传统规范者角色，来反抗子辈的一些不敬行为。如果刘大爷通过说服儿子被看成轻微弱行动的话；那么，张大勇在公开场所与儿子、媳妇大骂，则应该是公开、激烈的冲突行动方式。张大爷具体是如何在冲突中行动的？通过案例详细分析。

　　个案：张大勇
　　问：您当时都骂了儿子什么？
　　答：我讲，做人不能这样呀，当年我做什么事情都是听从你爷爷的，儿子听老人的，天经地义，现在，我是你们的老人，你们也应该听我的。可现在你看，你们三个孩子，没有一个儿子听话，竟然能这样对待我。你们懂不懂做人的道理呀。

　　实际上，张大爷所讲的做人道理，就是做人应该遵循传统孝道规范，即孝敬老人、顺从老人。调查得知，在这辈老人观念里，孝敬老人是不容置疑、天经地义的事情。而且，他们在与子辈的生活交往、冲突中，也是通过这套理论来进行教育和行动的。那么，现在我们的问题是，为什么他们要运用这套理论？张大爷接下来的话，回答了我们的问题。

　　个案：张大勇
　　问：您当时与子辈闹矛盾时，为什么要讲这些道理呢？
　　答：哈哈，这有什么好讲的？这些道理是每个人应该懂得的，我们都是这么过来的，就是这个样子嘛，这个没有什么好讲的。

　　憨厚老实的张大爷反复回答道，"这有什么好讲的"。这句话表明，传统规范在他们观念中根深蒂固。他们难以回答出更为深刻的道理，但孝道观念已然内化为自觉行为和朴实的语言表达。[①] 不难看出，这就是传统

---

　　① 有关个体内化过程的研究详见费孝通《乡土中国生育制度》，北京大学出版社 1985 年版。

的力量，老人们根本不会深入追究到底是为什么，但他们却顽固地遵循着前人留下来的方法行事。在上述个案中，刘大爷、张大爷，还有笔者采访到其他一些那个时代的老人，基本上都持有这样的观点。而且，他们在与子辈的冲突中，也在有意、无意地运用这些规范，来为自己辩护。他们做到了孝敬老人、服从老人，同时也希望下辈孝敬他们、服从他们；如若下辈不能孝敬他们、服从他们，他们就要通过传统规范进行抵抗。换言之，他们是通过扮演传统规范遵循者角色，来抵抗子辈的不孝、不从行为。

（二）策略二：虚假扮演孝子

美化自我似乎是做人的一种策略，是为自己获得社会支持的一种策略，尤其当他们面对陌生人时，更是如此。在笔者的采访中①，有些老人经常单方面讲述子辈如何不孝、不敬等；相反，却把自己塑造为扮演遵循传统孝敬规范的角色。但通过其他村民的多次佐证，有些老人似乎并未向笔者透漏真实的信息，而是有意美化自我。那么，为什么他们要撒谎呢？村中的张大叔一语道破了秘密所在，"他们不希望子辈看到他们也是不孝敬老人的，他们希望自己是孝敬老人的，来对付子辈，是好的'武器'嘛"。换言之，他们是通过虚假扮演传统规范遵循者角色，来对抗子辈的不敬、不从行为。

> 个案：王德胜
>
> 问：为什么有些老人并非真正的孝子，可他们在教育儿子、媳妇时，把他们自己说成孝子呢？
>
> 答：哈哈，讲自己孝子，有好处嘛。
>
> 问：有什么好处？
>
> 答：有什么好处？讲自己服从老人的，让儿子、儿媳妇听从他，不就有理由了吗？如果自己不服从老人，怎么能讲儿子不从呢？可对？
>
> 问：那管用吗？
>
> 答：那管用呀。

在个案看来，即使有些老人不是真正地顺从老人者，但他们通过将自

---

① 笔者不是 Y 村人，尽管在多次采访中，已经和老人们非常熟悉了，但这并不影响他们美化自我。

己塑造成服从老人者，来说服儿子。这是一个颇为有趣的现象。由此可以看出，80 年代，传统孝道的基本规范，整体上仍能够被村民们所接受，没有人敢公开质疑和反对这种伦理规范。正因为如此，那些并非真正遵守传统规范的老人，才能通过虚假地扮演遵循传统规范者的角色，进行抵抗子辈的行动。

　　个案：陈秀丽

　　问：您为什么要求儿子服从您？

　　答：哈哈，这个还用讲？服从老人是应该的嘛，老子养儿子，儿子孝敬老子，天经地义的事情嘛，有什么好讲的？

　　问：那儿子做不到了，您会怎样讲他呢？

　　答：我会讲，我当年是如何服从我的父母的，告诉子辈也应该向我们学习。农村嘛，不都是这个样子。

　　调查得知，村民们并不认为陈秀丽是一个孝子，她对自己公婆不是很好。但那时候，她自己的孩子们还小，不是很懂事。到了孩子们快要懂事的时候，她公婆已经去世了。因而她的孩子们对她是如何孝敬老人的，也不是十分清楚。但是那些和她同龄的老人，则比较清楚她的事情。

　　个案：张大勇

　　问：为什么那些不孝敬老人的人要说自己孝敬呢？

　　答：那时候，人心好呀，村里人都还觉得孝敬老人是应该的，就是有的孩子不孝敬老人，他也不能理直气壮地讲。别人要讲他了，他也没话讲，可对？那些老人就是知道这点道理，所以，他就是说谎，有时候，也管用。

　　调查发现，80 年代也存在不少不服从老人的子辈，但村庄仍然存在孝道的价值体系。即使那些不服从老人的子辈，虽然行动上不能善待老人，但从道义上，他们还是会受到舆论和良心的谴责。当村民和父辈利用传统孝道规范来谴责他们的时候，他们还是不敢公开反对。正是由于当时的村庄是这样的一种状况，虽然孝道实践并非理想，但孝道观念还仍然存在，所以老人就会利用这种规范作为在冲突中的行动策略，包括那些虚假扮演遵循传统规范者角色的老人。

正因为部分老人秉持顺从型孝道观念，因此一旦子辈不能服从他们时，他们在代际冲突中就会使用较为强烈的行动方式。

二　重构孝道规范策略

"当前中国乡村社会正在历经从治理性危机到伦理性危机的转变，中国乡村社会再一次经历转型之痛。"① "现在村民生活的空间大了，原有的村庄生活伦理对之产生不了约束。"② 进入 80 年代中期之后，随着农村劳动力的季节性、临时性外出打工，随着现代媒体对农村社会的影响，农村社会开始逐渐发生变化，经济理性日渐侵入农村，以至于传统孝道文化再次发生变化。

随着农村社会结构的变迁、代际关系的变迁，尽管赡养老人是不容置疑的，但服从长辈的孝道观念发生很大转变。③ 随着市场经济浪潮的冲击，子辈行动逻辑的转变，老人们渐渐发现一味地固守传统孝道文化伦理，在家庭代际的冲突过程中，试图通过扮演传统规范遵循者角色的行动策略，开始日渐失灵。于是，聪明、理性的老人们被迫放弃过去的做法，进而开始重新审视传统孝道规范，重新认识传统孝道文化，改造孝道文化为自己所用，即由顺从型孝道规范逐步向经济型孝道规范转变。相比传统顺从型孝道规范，经济型孝道规范已经开始弱化，同时，在代际冲突中持有这种观念的老人的行动方式也开始弱化。

> 个案：夏翠娥
>
> 问：当您与儿子发生冲突时，您会怎样对儿子讲呢？
>
> 答：现在，儿子都出去打工了，人家见世面大了，你想让人家听你的，不可能了，人家比你懂得多。我讲，和儿子、儿媳妇的矛盾，还不多是因为钱吗？他们给钱了，就行了，别的我不想管，讲实在的，也管不了了。
>
> 问：那您会怎样讲呢？
>
> 答：我讲，我当年生活条件那么困难，都没有让我的上人挨饿。有我吃的，就有上人吃的嘛。我们辛辛苦苦把子辈养大，他们也应该

---

① 申端锋：《中国农村出现伦理性危机》，《中国老区建设》2007 年第 7 期。
② 同上。
③ 潘允康等主编：《当代中国家庭大变动》，广东人民出版社 1994 年版，第 137 页。

养我们吧，我们能干，不和他们要，不能干了，他们不得养我们嘛，
哈哈。

　　在改革开放初期，虽然 Y 村的孝道规范已不再是纯粹的传统孝道文
化，但由于当时社会流动性很小，外界对村庄的影响还颇低，村庄人际关
系紧密，村庄舆论力量较为强大，村庄共同体关系依然存在，因而传统孝
道文化大体上仍然能够得以保存。进入 80 年代中期之后，随着外出务
工的出现，农村社会结构悄然发生变化，面对这种社会环境的变化、子辈行
动逻辑的变化，老人不得不对传统孝道规范进行改造，从而为自己在冲突
中的行动寻求合理性依据。

　　20 世纪 80 年代中后期以及 90 年代初期，老人对传统孝道规范的改
造只是一个过渡，而当前随着村庄绝大多数青年人外出务工，现代媒体
进一步侵入农村，经济发展成为当前社会的主旋律之后，老人所赖以维
护自身利益、抵抗子辈的规范进一步受到冲击。当然，笔者并不是说现
在的青年人就更加不孝敬老人、不赡养老人，而是说当前农村社会中传
统的孝道观念已经更为淡薄，相反经济增长的呼声却与日俱增。当下，
村庄似乎已经失去了规范，尽管从法律上、伦理上讲，尊老、敬老、善
待老人，仍然是我们理应遵循的行为规范，但社会结构的变化、代际关
系的变化、代际距离的变化，已经使这种传统规范失去应有的社会基
础。加之，在以经济建设为中心的背景下，似乎孝道文化被社会有意、
无意地所忽视。

　　规范是人们赖以生存的基础，那么，在传统孝道规范日渐式微之后，
是否还具有新的规范呢？夏大妈的一番话讲出了其中道理，即新规范。①
夏大妈说：“现在下辈子厉害了，能挣钱了，我们这些老人不行了。你不
行了，你要还是像以前老人要求这个，要求那个，行吗？肯定不行，可
对？你可懂？”夏大妈言下之意是，现在新的规范就是老人不能再度对子
辈提出较高的要求，而是要遵循子辈的意图。当然，面临这种局面，老人
是否心安理得地接受呢？夏大妈继续进行剖析，夏大妈说：“我们都是过

_____

　　①　在顺从型规范不再被青年接受之后，老人被迫将其重构为经济型孝道规范。但当经济型
孝道规范也难以保障老人生活时，老人便会有一定抵抗“新规范”的行动。此处的“新规范”，
是指在传统孝道规范受到强烈冲击之后，经济型孝道规范登上了舞台；但是，经济型孝道规范也
具有不稳定性，也出现危机趋向。

来人，那时我们是怎样孝敬老人的，村里人都很清楚，这个不用多讲。我们做儿媳妇那会儿，是听婆婆的，可是，到了我们当婆婆的时候，不行了，世道变了，儿媳妇厉害了，还得听儿媳妇的。我讲，心里舒服吗？那当然不舒服了，可是你有什么办法呢？"

随着社会结构、家庭代际关系的变迁，老人在家庭代际冲突中动用的资源发生了变化，使用策略发生了变化。那么，我们的问题是，为什么他们的行动策略会发生变化呢？要回答这个问题，我们则需要深入理解老人行动背后的逻辑，即老人行动的价值诉求。就此问题而言，我们将在第五章中进行深入的讨论。

本章小结

本章主要围绕着老人动用资源的行动策略而展开讨论，侧重分析了六个方面：第一，老人可以动用的经济资源有上升趋势。Y村过去极度贫困，因而老人在与成家子辈的关系中，可以动用的经济资源非常有限，随着农业收入的提高，外出务工经济收入的提高，他们在与子辈的代际互动中，可以动用一些资源做出行动。但事实上，这种行动的力量非常有限，与其说他们使用经济资源进行"制裁"；不如说，他们对子辈经济资源的需求程度趋向降低，这才是家庭代际冲突降低的真正原因。第二，老人动用农业生产帮助资源的能力趋向降低，这种降低导致他们家庭权威的衰落，削弱他们干涉子辈生活的能力，家庭代际冲突趋向弱化。第三，老人动用隔代抚养资源的能力趋向上升，增强了自身的"有用性"，于是换回了子辈赡养的改善，因此代际冲突降低。第四，老人动用人际关系网络资源的能力趋向降低，使老人无法得到他人的声援，因此家庭冲突趋向私密化。第五，老人动用村庄舆论能力降低，因此家庭代际冲突中的老人的行动方式趋向私密化。第六，老人对孝道规范进行重构，即由顺从型规范转向经济型规范，导致老人权威被动退出，而且，这种规范日益被老人接受，因此，争夺家庭权威的冲突趋向降低，老人的行动方式亦趋向弱化、私密化。

第五章　老人行动的价值诉求

在家庭代际关系交换中，交换主体是父辈和子辈，双方根据自身拥有资源进行交换，交换不对等是引发冲突的原因。但实际上，影响交换主体感知不对等，进而引发其在冲突中采取行动的因素还有一些社会外在条件，如第四章中分析老人所拥有的社会关系网络、村庄舆论以及孝道规范。交换双方受到自身资源、社会外在条件的制约，会根据交换过程中的得失，以及交换主体所感知到的交换公平程度，来决定是使用强烈还是温和的行动策略，揭示了老人行动方式变迁的原因。但是，我们仍然要追问，除了上述条件发生变化之外，他们在冲突中行动的真正动机是什么？或者说，他们行动的价值诉求是什么？以及在时代变迁过程中，老人行动的价值诉求是否发生了变化？

随着农村社会结构的变迁，家庭代际关系也发生了转变，在家庭代际关系变迁过程中，老人对自身角色以及对子辈的期待进行了再定位，即老人的价值诉求发生转变。分析老人的价值诉求转变，有助于我们更为深入地理解代际冲突以及老人行动方式。本书重点讨论了老人四方面的价值诉求。第一，老人的经济价值诉求程度及其实现方式变迁；第二，老人的情感价值诉求程度及其实现方式变迁；第三，老人的权力价值诉求程度及其实现方式变迁；第四，老人的声望价值诉求程度及其实现方式变迁。

第一节　经济价值诉求

一　经济诉求程度变迁

Y村调查听到最多的一句话就是，"什么事不都是因为钱吗？"看来，经济因素的确是影响家庭代际冲突的主要原因。Y村属于丘陵地区农村，村内资源非常有限，而且耕地资源也较为有限。村民外出务工之前，当地村民生活水平普遍较低，经济因素是家庭代际冲突的首要动因。很多老人在代际冲突中的行动动机是经济原因，即老人认为在代际交换中未能够获得足够的经济回报。如果我们从子辈的角度看，他们当时的确也没有更多的经济收入渠道，以便在经济上给予老人。因此，家庭代际在稀缺的经济资源中进行激烈的争夺，甚至会为几块钱而争吵不休。随着子辈外出务工，子辈经济收入提高后，老人的养老金也逐渐提高，家庭代际因为经济因素而产生的冲突日趋减少。也就是说，在家庭代际冲突中老人行动的经济诉求程度逐渐降低，大体经历高度诉求、诉求降低到低度诉求的历程。

（一）高度诉求

Y村属于丘陵地区，土地质量较差，且土地资源有限，当地村民的农业收入也就仅仅维持在温饱水平上下，有些家庭的农业收成，甚至难以维持温饱，并且当地也没有发展乡镇企业、村办企业。因而直到村民外出务工后，当地村民才有了一定经济剩余。正是这种较为贫困的生活，所以在家庭代际关系中，也多因为经济资源争夺而发生冲突。老人在冲突中的经济价值诉求是最为明显的，尤其是在村民外出务工之前，老人为经济原因而冲突的现象非常明显。

个案：刘翠梅

问：打工开始之前，您当时与子辈发生冲突是因为什么呀？

答：多数是钱嘛，那时候，我们这里穷呀，场子少，也不行，收成不行，吃饭都成问题。又没有其他什么收入，吵呀、闹呀的，不都是为了钱吗？我讲，儿子成家了，我不能干了，你得向他要，他经济也不行，也不想给，不就吵嘴嘛，搞急了，还会动动手。没办法，为了生活嘛。另外，生活的经济来往也有矛盾嘛。

从刘翠梅的回答中可以清楚地看到，在Y村整体农业经济收入非常有限的情况下，老人之所以与子辈发生冲突，是因为经济问题。准确地说，是为了生存问题。

（二）诉求降低

20世纪80年代中期以后，村民外出打工逐渐增多，尽管这一时期内他们多从事临时性、季节性打工，但他们确实获得了一定的经济收入。另外，随着农业技术的提高，粮食的收成也有所提高，当地的粮食收成已经基本可以解决温饱问题。如此一来，Y 村的整体生活水平有所提高，家庭代际冲突中老人争夺经济资源的动机开始趋向降低。

个案：刘天云

问：村民开始季节性打工后，您与儿子、儿媳妇发生冲突的原因是什么？

答：有时候，也是为了钱。

问：与过去相比，这种想法强烈吗？

答：啊，那要轻些。你看，场子的收成基本够吃了。儿子们出去打工了，有时候，我也出去干干，搞点钱。不过也觉得生活不易呀，想让儿子给点人情往来的费用呀，不过一般还能给些。会因为钱，和儿子、儿媳妇吵，不过没有刚刚分田到户时明显了。

这段对话表明，农业收成提高以后，老人温饱问题已经基本解决，何况老人也会出去干些零工贴补家用。子辈的经济收入提高了，他们也愿意多孝敬老人一些。尽管家庭代际也会为经济问题而发生冲突，但在老人看来，这种为经济因素而冲突的动机已经开始降低。

（三）低度诉求

20 世纪 90 年代中期以后，Y 村青壮年已经开始长期性地居住在城市务工，他们的经济收入显然已经大大提高。农业税费的减免，使农民的负担降低，以至于老人的农业收成已经可以完全解决温饱问题，而且，还能有一定的经济剩余。调查显示，在这个阶段内大多数老人都能获得子辈的经济养老，且养老金额有逐渐增加的趋势。当然，不是说他们的生活水平已经很高。事实上，由于疾病等问题，仍然对经济有着较高的诉求。但大多数的日常生活问题已经基本得到解决。

个案：刘大梅

问：现在会为钱和儿子、儿媳妇吵架吗？

答：一般来说，没有什么大事情，不会的，我们自劳自食，能生活。儿子也给些。不过，要是有事情了，不够了，或者生病了，儿子不给了，也会吵嘴的。但是整体来说，经济条件好了，这种矛盾少多了。以前，很多打架、吵架，不都是因为钱嘛。现在好多了。

经济因素是老人冲突行动的重要价值诉求，因为这是他们生存、生活的最为基本的条件。随着惠农政策的实施、农业技术的提高，儿子养老金的增多，农村生活条件的改善，当前农村老人为争夺经济的动力已然趋向弱化。也就是说，随着老人收入的提高，老人的经济价值诉求程度逐渐降低，因此，在家庭代际交换中，经济因素引发冲突的成分降低。以下我们来具体分析一下改革开放以来老人经济价值诉求的变化。

在老人与已成家子辈之间的代际交换过程中，整体来说，子辈向父辈的经济流量要高于父辈向子辈的经济流量。[①] 村民外出务工增加收入之后，他们相应地增加养老金额。[②] Y 村属于一个较为贫困的丘陵山村，随着子辈务工收入的提高，总体上看，他们向父辈的经济赡养额度呈增加趋势。近年来，子辈提供的经济额度明显增多，一些较为成功的子辈，每年向父母提供几千元甚至上万元养老金。也正因为村民经济条件的大幅改善，家庭代际冲突频率、强度开始迅速降低。研究表明，经济资源在农村家庭代际冲突中占据主要原因，当然，这跟长期以来 Y 村经济极度匮乏有着直接的关系。

"随着工业化的发展，我国从农村到城市的婚姻、家庭制度正发生从家族婚到个人婚，从父系家长制度到双系制度的变迁。"[③] "高科技的发展使子辈以自己的优势获得对父母进行"文化反哺"的话语权，继而掀起亲子关系的深刻革命。亲属网络呈现双系化，并向女系倾斜的趋

---

① 在《老年人与子女之间的代际经济流量的分析》一文中，郭志刚和陈功使用 1992 年的调查数据，重点分析了 1991 年代际的经济流量情况。研究表明，农村代际存在双向经济流动，父辈向子辈的经济流量为 38.71 元，子辈向父辈的经济流量为 268.12 元，净供养流量为 229.71 元。这说明农村代际关系中，老人依靠子辈的经济供养是主要养老方式。其研究数据来自对全国 12 个省市的调查，虽不能完全代表全国的情况，但应该具有一定的参照价值。据笔者对 Y 村的调查显示，改革开放以来，子辈向父辈提供经济赡养的情况，随他们外出务工的收入变化而变化，总体上说，子辈向老人的经济流量呈现上升趋势。

② 在《农民工汇款的决策、数量与用途分析》一文中，李强等学者研究了民工的汇款情况，此项研究主要调查了北京的 8 个城区中的农民工汇款情况，反映的主要是 2006—2007 年的情况。研究显示，西部贫困地区出来的农民工更倾向于汇款回家，家庭有需要赡养的老人，农民工汇款的概率要更高，全家外出的农民工会增加对父母汇款的使用。

③ 李东山：《工业化与家庭制度变迁》，《社会学研究》2000 年第 6 期。

向。"① 随着妇女逐渐进入务工队伍，妇女也有了一定经济收入。妇女在婆家的地位逐渐上升，男女越趋向于平等，女儿赡养成为可能。② Y村过去没有女儿赡养老人的传统规范，但是从90年代开始，出嫁的女儿也开始对老人进行一定程度的赡养。虽然从伦理上说女儿并不承担主要的赡养责任，女儿赡养仅仅是出于"情分"和"良心"，是受到"潜规则"的制约，儿子赡养是出于"责任"和"名分"，是受到"显规则"的制约③；但从Y村的实际情况来看，出嫁的女儿一般也都进行一定程度的赡养，除了物质赡养之外，精神赡养已经逐渐超过儿子的付出。如此一来，老人的生活水平就有了女儿方面的一定保障。这也一定程度上缓解了儿子、儿媳妇与老人之间的冲突。

调查显示，如果进行历时性比较，Y村老人对当前生活的满意度普遍较高。这主要得益于惠农政策的实施，农业产量的提高，农业收入的提高，务工收入的提高，以及子辈赡养金额的提高。当前，Y村老人无论是高龄老人还是低龄老人，其基本生活问题都能得以保障。需要指出的是，Y村有相当部分的老人仍然外出务工，当然，他们多是进行一些短时性的工作，主要还是以务农为主。事实上，Y村老人的打工现象早在1997年左右就已经开始。他们的务工收入由开始时的每天几元钱到现在的几十元钱。自身务工收入的提高，降低了对儿子的依赖，因而代际冲突因为经济因素的成分趋向弱化。总之，与过去相比，他们的经济收入有所提高，生活状况有所改善。当然，如果横向与其他群体比较的话，他们仍是社会中最为弱势的群体之一。

总之，随着子辈务工收入的提高，子辈养老金额逐渐提高，使家庭代际因为经济因素的冲突日渐降低。女儿赡养的出现也使家庭养老转变为双系制度。其次，农业税费的减免，使老人务农收入有了提高。与此同时，随着生育率的下降，抚养时间减少，这样就增加了父辈从事经济活动的时间，家庭生活水平得到提高。④ 老人自身收入的增加，也降低了其对子辈

① 徐安琪：《家庭结构与代际关系研究——以上海为例的实证分析》，《江苏社会科学》2001年第2期。

② 穆光宗：《家庭养老制度的传统与变革——基于东亚和东南亚地区的一项比较研究》，华龄出版社2002年版，第264页。

③ 唐灿等：《女儿赡养的伦理与公平——浙东农村家庭代际关系的性别考察》，《社会学研究》2009年第6期。

④ 王洪春：《生育率下降对代际关系的影响及对策》，《人口学刊》1996年第3期。

养老金的依赖。老人的温饱问题基本解决，经济收入提高之后，显然，其经济价值诉求程度趋向降低，代际冲突强度降低，老人在冲突中的行动方式亦趋向温和。

二 经济需求方式变动

（一）实物性诉求：资源短缺与激烈冲突

改革开放初期，子辈与父辈共同生活在农村，当时几乎所有村民皆以务农为主，农业收成是家庭主要收入，人们主要以解决温饱问题为主。村民种植水稻、蔬菜以满足吃饭问题，种植棉花以满足穿衣问题，是典型的自给自足的小农经济社会。由于种种原因，Y村没有兴起乡镇企业、村办企业，导致村民很少具有现金收入。因而，老人在劳动能力降低或者丧失劳动能力之后，对于子辈的养老要求，也就是粮食作物，或者生活用品等一些实物性的东西。

> 个案：王光美
> 问：那时候，主要因为一些什么东西而发生矛盾呢？
> 答：我们那时候，要求不高，我有病，不能干的时候，也就是想着儿子能给些粮食，有吃的不就行了吗？有时候，为什么和他们吵呢？有时候，闹得还很厉害，就是他们给的粮食不够嘛，给的够吃了，我们不会讲的，我们那时候，没有什么要求。再说了，那时候，子辈也没有钱。他们也不过卖几个鸡蛋，弄点钱。都没有钱，给些粮食就行。日常经济的来往也有问题呀。

调查发现，那个时代中，老人与子辈发生冲突多数是因为生活问题。对老人来说，维持基本温饱问题是非常重要的事情。因而，多数的家庭代际冲突，对老人来说，就是能够获得子辈的一些实物。事实上，老人除了要一些粮食外，也需要一些日常用品。

> 个案：王光美
> 问：能讲讲您是因为什么与媳妇吵架的吗？
> 答：那个时候，我们这里穷呀，晚上都很少用电，都是煤油灯。我记得，那年我的煤油灯没有油了，媳妇那里还有。开始，我不想直接对她讲，就天天晚上黑着，我想呢，她也知道我这里没有油了。我

讲，你该给我了，可人家就是不给嘛。我忍不住，就讲了。她讲，你老人家，用什么油呀？油都那么贵。我讲，晚上，上个茅房总得用个灯火吧。因为这个，我们干了一场。

Y村的耕地资源较为有限，人均庄稼地不足一亩，而且耕地多是丘陵地，加之当时的农业技术颇为落后，因而土地收入较低。大多家庭的土地收入仅仅能够维持温饱，甚至到年景不好的时候，村民的生活都成为问题。正是基于此，当时老人的实物性诉求经常会引发较为激烈的冲突，老人的行动也较为公开和强烈。

（二）实物与货币诉求：生活改善与冲突缓和

20世纪80年代中期以后，青壮年人开始出现季节性、临时性的外出务工现象。这样一来，他们不但具有农业收入，还具有了一定的打工经济收入。此时，村民的整体生活水平有所提高。村庄中虽然有不孝敬老人的情况，但整体的养老情况有所变化。相比80年代初期子辈仅仅给予粮食，进入80年代中期以后，Y村养老的一般模式为：每年给予几百斤粮食和每月给予几十元的生活费，这种模式基本上被村民们所接受。但是，一旦有些家庭的子辈未能实现这种模式时，便会引发一定程度的家庭代际冲突，老人在冲突中便会做出一定的行动。

个案：李运来

问：那时候，儿子给的粮食和钱够吗？

答：粮食有时候也不是特别多，钱嘛，更是少。

问：那您怎么办呢？

答：我得生活吧，我没有什么要求嘛，吃不上饭了，就得直接给他讲，就是吵也得讲，钱不够了，也得讲，不讲怎么行呢？油盐酱醋都要买吧。但一般还行，他们能挣到钱了嘛。

上述两个案例不难看出，老人对于经济的价值诉求已经发生了悄然变化。在子辈具有了一定的打工经济收入，整体村民生活水平提高，村民养老模式发生变化之后，他们的经济价值诉求开始转变，即由过去以实物为主转向以实物和现金混合的形式。而一旦这种混合形式的价值诉求难以得到满足，代际冲突便不可避免要发生，老人在冲突中亦会做出反应。

尽管老人的经济价值诉求有所变化，但代际冲突的强度和老人的行动方式都趋向缓和。原因是，子辈的经济收入已经得到了一定程度的改善，他们有能力给予老人更多的经济赡养。家庭代际经济纠纷的强度趋向降低，老人在冲突的行动强度亦趋向降低。

（三）货币性诉求：经济改善与微弱冲突

与30年之前比较，现在Y村可谓发生天翻地覆的变化。曾经的老、中、青共居的时代，已经一去不复还。与之相反，绝大多数子辈已经基本完全放弃农业生产，而农村劳动力绝大部分是老人。当前，Y村的养老模式可以分为两种情况：一是具有劳动能力的低龄老人自行种植庄稼，以解决温饱问题，子辈给予一定的现金贴补家用；二是丧失劳动能力的高龄老人，子辈愿意多给予现金，让老人花钱买粮食。总之，子辈大部分是通过给予父辈货币的方式进行赡养。正是由于子辈的行动方式发生了巨大变化，因而老人的经济价值诉求亦同时发生转变。与之相应，在老人生活所需的现金得不到满足之后，代际便会发生一定程度的冲突，而且老人在冲突中亦有所反应。

个案：刘定云

问：您今年多大年纪了？还去地里干活吗？

答：六十二了，身体不好，不去了。

问：儿子是怎么给您养老的？在钱的方面，你们有矛盾吗？

答：给钱嘛。够用了，就没什么矛盾。不够了，就向他们要嘛，如果有个病呀，什么事呀，钱不够了，儿子给少了，不就有矛盾了吗？

问：您会怎么样？

答：讲嘛，有时候也会吵两句。

上述个案表明，Y村养老模式已经逐渐形成以现金为主的模式，因为子辈几乎完全放弃农业劳动。他们在城市以务工收入为生，而且也将通过现金的方式进行养老。毋庸置疑，随着子辈生产方式、生活方式的变化，作为代际关系中的另一方，老人的价值诉求也发生相应的转变。总之，改革开放以来随着子辈生产方式的变动，养老模式也发生了变动。与此同时，老人的经济价值诉求的实现方式也发生变动，即由诉求实物转向诉求实物与现金，直到当前以诉求现金为主。

第二节　情感价值诉求

一　情感需求强度变迁

改革开放初期，子辈外出打工之前，代际双方共同居住在农村，即使是分开居住，但仍然生活在同一村庄。生产、生活的互助，导致他们有着较多的往来。尽管人的情感需求是始终存在的，但经常的往来，致使老人在情感上并非缺失，即使是家庭代际经常发生冲突，老人也仍然不感到孤单。正是因为情感需求程度低，老人在冲突中也毫不留情。

（一）低度需求

个案：陈秀丽

问：在您和儿子共同生活的时候，您觉得孤单吗？

答：那孤单什么呀？村里人热闹得很。

问：您会因为儿子对您的关心不够，和儿子吵架吗？

答：这个嘛，没想过，我讲，天天见面，烦都烦死了。当然，我生病了，他不关心我，我会生气的。不过，不觉得孤单。再说了，儿子不关心，还有村里我们这些老人呀。不孤单。

调查显示，尽管在共同居住时期内，家庭代际冲突较为多见，但老人却并不认为他们情感上孤单。因为即使是与子辈发生冲突，也可以见到他们。所以，老人并不觉得孤单，何况老人还可以与同辈群体沟通。那时，村民之间的人际关系还比较紧密，生活、生产上的互助行为颇为频繁。在这种村庄共同体中，老人显然并未把情感问题化。

（二）需求增强

然而，随着打工现象的出现，家庭代际出现季节性、临时性的分居现象，加之村民人际关系的理性化，导致老人一定程度上显示出对于情感需求的增强。随着农村生活条件的改善，农民收入的提高，子辈物质养老的提高，农村老人对于经济的价值诉求呈现降低的趋势。与之相反，老人却对情感的价值诉求有着增强的趋势。

个案：赵美丽

问：您的儿子出去打工后，您觉得孤单吗？

答：有一点。

问：会为这事生儿子的气吗？

答：怎么讲呢，儿子出去打工挣钱了，是好事情嘛，我讲，鼓励他去，能理解。但有时候，也会生气。比如，那次，我生日的时候，儿子在外头打工，也不回来。我当时还是很生气的，后来他回来后，我就对他大声讲话嘛，也算吵架吧。

（三）极度渴望

进入 21 世纪，Y 村的外出务工现象已经成为一种常态，而且，子辈的外出打工多是长期性的，他们"稳定性"地居住在城市，与农村老人俨然形成完全分居的状况。只有春节期间，家庭代际才可以相聚在一起。尽管这种生活模式大大降低了矛盾发生的频率，然而，老人的情感价值诉求程度却异常明显。

个案：李兆庆

问：您现在会因为见不到儿子生气吗？

答：也不生气，也生气。讲不生气吧，是因为人家出去打工，挣钱了，走的是正路，可对？讲生气吧，是常年见不到他们，我讲，我们老了，身边连个儿女都不在身边，是孤单。生活不是问题，儿子给钱，也够用。能过。

问：您能讲一下因为这事与儿子发生不愉快的情况吗？

答：他们出去了，我就想儿子。一般，儿子都是过些日子打个电话什么的，问问。那年，不知道怎么回事，一连几个月都不打电话。我急呀，就打过去了。我很生气，问他，怎么也不往家打个电话。他讲，忙呀，我就把电话挂了，不讲话了。我讲你忙，也不能忘了父母吧。

从当前 Y 村老人看，他们的生活温饱都不成问题。相比过去，他们普遍认为生活改善很多，子辈的物质养老也有很大提高。但精神养老问题却日益严重，他们普遍感到精神孤独。这种无法得到满足的情感需求，会通过老人的一些行动而彰显。当然，他们与子辈并不一定会形成激烈冲突；相反，他们会通过一些较为私密、温和的手段来表达不满情绪。生育率下降，使父母较早地进入空巢家庭阶段①，致使他们精神更为孤独，因而情感价值诉求更为明显。"大量事实证明，分开居住而彼此仍然互相关照的形式既有助于维护我国尊老爱幼的伦理传统，又适应两代人各自的需求，并保持着和谐的代际关系。"② 但当前农村家庭代际的居住形式，却是城乡之间远距离的格局，这不利于彼此之间的相互关照，尤其是对于老人的照顾，更是难以做到。

农村劳动力外出务工已经对农村家庭结构产生了巨大冲击，传统家庭结构的改变必然影响到家庭功能的变化，家庭对老人提供的支持正在减少。有研究认为，子女外出给留守老人的照料问题带来更大挑战。杜鹏在有关子女外出务工对家庭影响的研究中认为，子女外出务工后，留守老人的经济条件有所改善，但老人孤独感增强，家庭地位下降。③ 孙鹃娟在《劳动力迁移过程中的农村留守老人照料问题研究》一文中认为，大量农村劳动力人口的外出务工致使农村留守老人照料问题日益突出。一方面，子女的外出务工使老人获得照料的提供者显著减少；另一方面，社会性照料网络为老人提供的照料体系尚未完善。④

也有学者指出，人口流动正在弱化传统家庭之间的社会规范和代际关系。具体表现为，劳动力的流动带来价值观的改变，这削弱了传统的孝道观念，年青一代支持他们父母的意愿和能力正在减弱。⑤ 阿博德林和伊萨贝拉指出，发展中国家家庭结构现代化和城市化的过程，已经破坏了扩展家庭和它作为老年人支持资源的功能。⑥ 德韦恩·本杰明（Dwayne Benjamin）等的研究指出，农民工的增加和社会流动性的增强，正改变着中国农村扩展家庭的性质。⑦ 穆光宗的研究指出，中国在家庭养老方面的经济

---

① 王洪春：《生育率下降对代际关系的影响及对策》，《人口学刊》1996 年第 3 期。

② 王树新等：《人口老龄化过程中的代际关系新走向》，《人口与经济》2002 年第 4 期。

③ 杜鹏等：《农村子女外出务工对留守老人的影响》，《人口研究》2004 年第 6 期。

④ 孙鹃娟：《劳动力迁移过程中的农村留守老人照料问题研究》，《人口学刊》2006 年第 4 期。

⑤ Wilensky, H. L., *Rich Demographics*: *Political Economy*, *Public Policy and Performance*, University of California Press, 2002: 891.

⑥ Aboderin and Isabella, Modernization and Ageing Theory Revisited: Current Explanations of Recent Developing World and Historical Western Shifts in Material Family Support for Older People, Ageing & Society, 2004, 24: 29 – 50.

⑦ Dwayne Benjamin, Loren Brandt, and Scott Rozelle, Aging, well – being, and Social Security in rural North China, *Population and Development Review*, 2000, Vol. 26: 89 – 116.

支持存在较大挑战。①孙鹃娟通过对农村子女外出前后留守老人生活满意度的对比发现，留守老人的生活满意度得到显著提高。农村劳动力外出是符合家庭利益最大化原则的。②

虽然子辈外出提高了家庭经济收入，但确实也造成代际分居。这种分居尽管减少了代际冲突的频率与强度，但不可否认的是，却也凸显出了老人情感得不到满足的现实。而这种得不到满足的情感现实，致使老人通过一定的行动策略做出反应。

冲突论认为，情感有助于降低冲突程度。随着子辈逐渐进入城市进行长时间的务工后，家庭代际相聚的时间越来越少，毋庸置疑，家庭代际的矛盾明显降低；与此同时，老人的情感需求凸显出来，正如村中老人所言："过去孩子们天天在家能见到，烦死了，现在常年在外，我们很想他们。过年回来了，只顾着亲了，哪有心思去闹矛盾呀？就算有矛盾，也觉得不值得了。"显然，情感的增强有助于缓解矛盾的程度，甚至会消除矛盾的发生。笔者在当前的 Y 村中已经发现很多这样的案例。当然，笔者并不是说，当前 Y 村家庭代际不存在冲突，而是说，老人情感上需求增强，降低了矛盾发生的概率和缓和了矛盾的程度。

调查发现，留守老人的孤独问题尤为明显，相较过去，对于情感的渴望非常高。一些老人通过电视的声音来消除寂寞，似乎电视的声音可以冲淡他们的孤独。③ 老人不但情感孤独，且生活中的一些困难难以获得儿子的帮助。④ 在代际双方共同务农的过程中，他们居住在同一生活空间，生产、生活上有着密切的联系，尽管代际的纠纷、矛盾不断，但日常的频繁

---

① 穆光宗：《家庭养老制度的传统与变革：基于东亚和东南亚地区的一项比较研究》，华龄出版社 2002 年版，第 263 页。

② 孙鹃娟：《成年子女外出状况及对农村家庭代际关系的影响》，《人口学刊》2010 年第 1 期。

③ 在李靖对安徽省枞阳、桐城等地的调查中，笔者也发现了许多老人通过将电视声音放大来消除寂寞的做法，具体研究详见李靖《农村留守老人亟待关注——对安徽省枞阳、桐城等地 318,户老人的调查》，《中国乡村发现》2006 年第 1 期。

④ 2007 年《丽水日报》报道了一则老人选义子的新闻，报道称乡干部代替外出务工子女尽孝心，百名留守老人集体选择"义子"。在子女长期性外出务工的情况下，留守老人的生活问题非常严重。乡镇政府为了能够对老人进行一些实质性的照顾，所以他们自愿进行一对一帮扶，由老人自行选择干部作为"义子"。这则新闻一方面反映了乡镇政府爱民的实际行动，同时也透视出了老人对于情感、援助的需求程度。事实上，老人除了需要一定的实际帮扶之外，情感需求更为明显。研究内容详见李琳等《乡干部代外出子女尽孝心——云和百名留守老人集体选"义子"》，《丽水日报》2007 年 11 月 6 日第 1 版。

联系使老人在情感上并非空虚。然而，在子辈进城长期务工之后，由于长时间不接触，导致老人对情感需求程度很高。"在现代社会中，亲情对于从社会角色转化为家庭角色的老年人来说，具有格外重要的意义，对老年人的生活有重要影响。"①

二　情感内涵和情感标准的转变

情感是人的基本需求，但随着社会生活的变动，情感实现方式却不得不发生转变。改革开放以来，Y村发生了翻天覆地的变化，村庄由共同体社会转变为当前没有子辈的凄凉"老人村"，同时，村民关系日益理性化、村庄舆论日渐式微。老人家庭成为典型意义的空巢家庭。尽管在20世纪80年代初子辈成家后也依然与老人分家单过，但由于子辈仍然居住在村庄之中，所以老人能够经常获得子辈情感上的支持。尽管家庭代际冲突还较为频繁，但频繁的冲突并没有让老人感到精神的孤独。随着子辈长期性、"稳定性"定居城市务工之后，农村老人被迫生活在空巢家庭中。在父辈与子辈共居的时期内，老人可以通过子辈当面的照顾获得情感的满足，即使没有当面照顾，就是能够经常见到子辈，对于老人来说，这种情感需求也能得到满足。但需要指出的是，也正是这种很近的代际空间距离的原因，老人对于子辈情感表达的期待也更高，即子辈应该通过日常互动和恪守礼节来满足老人的情感，如子辈无法做到时，老人则会指责子辈不懂"礼数"，进而会爆发较为强烈的冲突。而当子辈外出务工之后，老人理解子辈在城市务工实际情况，虽然具有更高的情感需求，但他们迫于子辈生活在城市，因而，才不会爆发激烈的冲突。也就是说，老人的情感需求不但从程度上有变化，而且，情感的实质性内容也是不同的。过去老人更为注重礼节性的情感满足，而现在老人更为注重自然性、原发性、本体性的情感满足。当然，此处的讨论与老人的声望诉求有一定的关系，但又有一定的区别。

（一）情感内涵转变与冲突缓和

1. 守礼型情感需求

所谓守礼型情感需求，即老人对于村庄礼节、家庭礼节有着较高的情感需求，从情感上非常在乎这种礼节的行使。实际上，在重视孝道的传统社会中，有关家庭的诸多礼节，都不同程度上蕴含着尊老、敬老的含义，

---

① 王树新：《社会变革与代际关系研究》，首都经济贸易大学出版社2004年版，第10页。

子辈在行使这些礼节的时候,老人不但获得面子上的满足,同时,他们也能够获得情感上的满足。事实上,面子满足与情感满足有着很强的关联性。礼节是维系人际关系的必要纽带,也是增强感情或者情感满足的重要渠道。在共同居住的乡土社会中存在一些必要的礼节,人们通过这样的礼节增强彼此的情感联系,家庭代际对于这种礼节亦非常重视。例如,中秋节、老人生日等,晚辈都应该看望老人,以增进彼此之间的感情,使老人能够获得情感满足。这些礼节在乡土社会长期固定下来,被人们作为一种传统而不容置疑地固守。而一旦子辈违背这些礼节之后,老人则会感到不悦,甚至会有所反应。调查发现,改革开放初期,老人一般都会通过或轻或重的方式来表达不满,以使子辈知晓礼节的重要性和老人的情感需要。

　　　　个案:王光美
　　　　问:这些礼节很重要吗?
　　　　答:哈哈,那当然了。
　　　　问:如果子辈不遵守呢?
　　　　答:他们要是不遵守了,我们做上人的,肯定不高兴。要讲的,农村嘛,大家都这样,你不这样,人家要讲的。所以,有次,八月节的时候,儿子没来,我就很生气嘛。找到他讲他嘛。

　　恪守礼节是农村共同体中人际互动的必要纽带。而违背礼节,老人就要有所行动了,在他们看来,礼节是共同生活的基本内容,同时亦是老人获得情感满足的重要渠道。礼节本身就含有尊敬的意思,在子辈行使礼节的时候,就包含着对于长辈的敬重。老人获得敬重的同时,也获得了情感满足。非常有趣的是,老人们为了显示这种情感的满足,他们会在公开场所进行"受礼"比较,即子辈们在节日里,向他们孝敬什么礼物,孝敬了多少礼物。这种比较"受礼"行为的背后,反映着他们对于情感的需求,以及情感满足之后的欣慰,并希望这种欣慰能够与他人共同感受。对于"成功老人",他们在比较中,还可能获得某种优越感。

　　需要指出的是,秉持守礼型情感诉求的老人一般对礼节非常重视。在人际交往密集的农村社会中,这种礼节的获得与否,将会影响到老人在村庄的"面子"。如果老人无法获得"面子"的话,他们就产生负面情感,进而会对于子辈进行一定程度的指责。尽管双方共同在场的生活，使老人对情感诉求强度较低，但老人却对情感内涵的要求很高。在节日期间，本该获得的礼遇没有实现时，他们就无法实现在受礼中的情感满足，因为那时的村庄社会还是人际关系紧密，村庄舆论较强的社会，所以，老人出于维护"面子"，就会有较强烈的行动方式。

2. 本体性情感需求

所谓本体性情感需求，是指老人出于血缘关系中以亲情为基础的情感需要，是老人的内在自然需求，而不是那种为了获得在村庄中某种声望性的需求。这种情感以血缘、亲情、爱为基本价值诉求，体现的是最为自然的人类本能的情感。在这种情感中既包含着利己性的情感，也包含着利他性的情感。需要指出的是，正因为这种情感具有利他性质，因此老人在这种情感中往往降低了对于子辈的指责和抱怨，而更多的是包容和渴望。子辈的长期缺场，不但导致老人对于情感诉求强度的升高，而且还造成老人情感内涵的转变。由于子辈缺场，因而礼节的行使受到极大限制，老人无法经常获得"受礼"中的情感满足，继之是老人对于本体性情感的需求。这样一种情感内涵的转变，致使老人降低对冲突的计较，从而缓解了冲突和降低了自身行动的强烈度。

个案：刘定云

问：您是如何看待现在您对儿子的感情？

答：我虽然有两个丫头，但就一个儿子，可一个儿子，也出去打工了，常年都不回来，就是到春节时，才回来。

问：您想他吗？

答：哈哈，想？哈哈，我们老农民也不会说话，不像现在年轻人呀，什么话都能说出来。

问：那您到底想不想儿子呀？

答：那怎么不想呀？人老了，身边都希望儿女在跟前嘛，你看，儿子走了，就剩下我和老太太，能不想吗？儿子小的时候，多好呀，天天围着我们转，现在不行了，翅膀硬了，就飞了，打工，挣钱是挣到了，我们这个场子穷，不打工不行呀，可是打工有钱了，家里就剩下我们这帮老人了。白天还好些，到晚上的时候，就觉得孤单呀。

问：您和儿子有矛盾吗？

答：矛盾很少了，过年回来了，我们都很高兴，都想着亲呀，我们这些老人，也不知道怎么亲，就是给他做些好吃的呀，问他在外边过得怎么样呀，这些事情嘛。没有办法呀。

问：您会因为儿子对您关心不够生气吗？

答：有时候，会的，不过，这个很矛盾，因为我们也知道他得出去挣钱，但我们又是很孤单，我讲，这个没办法呀，可对？

从上述对话不难看出，当子辈长期缺场之后，自然代际的冲突频率和强度大大降低。继之而来的问题是，老人对于情感的强烈需求。如果说，共同在场的改革开放初期时，老人的情感诉求强度低，更多注重礼节性情感的话；那么，当子辈长期缺场之后，老人的情感诉求强度开始迅速升高，而对情感却开始追求其自然性的一面。需要指出的是，本体性情感需求具有很强的利他性和无私性，这种情感会降低老人对于冲突的计较，同时降低老人在冲突中的行动强度。

（二）情感"标准"转变与冲突弱化

1. "高标准"的情感诉求

所谓"高标准"的情感诉求，即老人对于子辈的情感期待较高，这与情感需求不同。情感需求是发自内在的一种心理需求，而情感期待是对子辈情感回报的程度。情感需求程度高，但不一定期待值就高。要理解这种关系，我们需要从代际关系失衡以及代际期待的角度来解释。当代际期待程度较高时，老人认为，子辈的情感回报是必需的，而当代际期待较低时，老人则不过多强调子辈的情感回报，而更多的是，自身对于情感的渴望。需要指出的是，代际情感期待的高低与老人冲突行动的强弱，有着一定的关系。在改革开放初期，由于当时子辈与老人共同居住在农村，老人的情感需求较低，但他们的情感期待却较高，因此他们需要子辈回报情感的要求较高。而当前尽管老人的情感需求较高，但情感期待却较低，因此他们对子辈的情感回报要求则较低。

若要理解老人对情感的期待程度问题，必须将之放到那代老人与子辈代际关系的视角去解读。改革开放初期，秉持传统理念的老人对子辈有较高代际期待，他们进行着无限的付出，同时也有着较高的期待，尽管当时的不孝现象已经出现。也正是老人的高代际期待，因而当子辈未能实现回报时，老人便会有较强烈的反应。为便于能够更好地理解代际期待与老人行动方式的关系，我们现列举严云翔和陈柏峰关于老人自杀的研究，来印证这一现象。严云翔在对东北农村的研究中指出，老李懂得理财，在家大小事务上都喜欢做主，对家庭权力有着较高期待，因而在儿媳妇不服他时，他选择了自杀。[①] 陈柏峰指出，改革开放初期的老人自杀中，有着相当数量的老人是属于愤怒型自杀，即对于代际关系有着很高的在乎程度，因此，在其得不到关注之后，便会做出强烈的反应。[②]

实际上，高代际期待不仅意味着老人对于权力、经济的争夺和在乎，还包括老人对于情感回报的期待。而当情感回报未能满足时，同样可以引起老人强烈的反应。尽管当时老人的情感诉求强度不高，但情感期待较高。需要指出的是，情感期待与情感诉求是不同的，情感期待高意味着对子辈有较高的回报要求，而情感诉求高则是指老人自身对情感需求程度，表明的是自身的愿望，但不一定对子辈有着较高的期待。

　　个案：刘胜利
　　问：那次，您为什么会与儿子发生那么激烈的矛盾呢？
　　答：我那次是生病了，都在床上躺了好多天了，儿子知道，也不来看我，我讲，我是怎么对你的，你又是怎么对我的。就住在一个村子里，你就不能来看看我吗？
　　问：您为什么要求他来看您？
　　答：嗨，你看，你这个问题问的，这个还用问吗？老子养了儿子，图个什么呀？不就是防老吗？我老了，生病了，他不该来看我吗？难道这个还用讲吗？
　　问：那后来呢？
　　答：后来，我病好了，我就不理他呗，他还不知道怎么回事，我就是不讲，后来，他有事求我的时候，我把他大骂了一顿。

不难看出，个案对子辈有着较高的代际情感期待，而当期待落空时，便做出了较为强烈的反应，以此来表达对子辈不敬行为的不满。从交换论

---

　　① 严云翔：《私人生活的变革：一个中国村庄的爱情、家庭与亲密关系：1949—1999》，龚小夏译，上海书店出版社 2006 年版。
　　② 陈柏峰：《代际关系变动与农村老年人自杀——对湖北京山农村的实证调查》，《社会学研究》2009 年第 4 期。

的视角来看，高代际期待意味着老人对付出有着很强的回报要求，而当子辈未能实现回报时，老人便会做出强烈的反应。

2. "低标准"的情感诉求

随着青壮年人大规模进城打工，子辈与父辈之间逐渐形成城乡分居的格局。老人们讲："孩子们也就是春节才回来过年，平时不回来。"这样一来，曾经那种面对面的互动便不再可能，而转变成为一些电话问候，对此，老人们多持有一种矛盾心态。他们一方面希望子辈外出打工挣钱，同时又会感到非常孤独。所以，他们在代际冲突中的行动也具有矛盾性。他们也知道社会发生变化，这是抵挡不住的。在追求经济收入的强大动机之下，子辈显然已经将传统家庭温暖抛之脑后，在老人经历无奈之后，也只好接受这种结局。所以，期待电话问候，便成为他们一种新的情感沟通需求。而当子辈连电话问候都难以做到时，老人也只能通过"生闷气"等手段做出微弱的行动。

需要指出的是，子辈的长期缺场，是老人在冲突行动中降低强度的原因。同时，代际期待的降低亦是老人反应缓和的动因。代际关系在经历了社会急剧变迁的30年之后，老人对子辈的代际期待显然已经降低，他们不再对回报持有十足的信心，也正是因为他们对代际期待的降低，因而即使子辈情感上未能实现足够回报时，也不会引起老人强烈的反应。这就是老人代际期待转变对其行动方式的影响作用。

个案：陈宝丽

问：现在您与子辈有冲突吗？如果有冲突了，您会怎么办？

答：现在儿子都出去打工了，不可能守在身边了。我们就是想见他们了，也只能到过年了。平时嘛，不就是打打电话嘛？孝敬的，多打打电话。

问：您在乎他们给您打电话吗？

答：怎么不在乎呀？见面，见不着，电话总该打个吧，要不这儿子有什么用？

问：要是长时间不打呢？

答：那我肯定生气嘛，有次，就是两个月，没打。后来打来了，我就不去接电话。我讲，你有本事，就永远别打。

问：那您会很生气吗？

答：嗨，其实也不是特别生气。

问：为什么呢？

答：第一呢，儿子打工挣钱是好事嘛。第二呢，现在的子辈，跟以前的子辈不一样，现在的子辈变了，指望不上了。既然都指望不上了，你就是生气有什么用呢？

不难看出，老人对于情感有着矛盾的心理，一方面支持子辈外出务工，理解不能满足老人情感的现实情况，同时又有着现实的情感需要。另外，老人认为："现在的子辈变了，指望不上了。"这句话表明，他们对子辈的代际期待开始降低。也正是老人对子辈代际情感期待的降低，导致他们没有必要做出强烈的反应。正所谓当期望值低的时候，失望值也较低。

第三节　权力价值诉求

一　夺权与放权

交换论认为，交换中产生权力，按照传统孝道规范，老人抚养子辈，老人对子辈就具有权力。但随着孝道规范的变迁，在社会生活中，孝道规范越来越不支持老人的家庭权力。冲突论认为，对权力的争夺是冲突产生的根源。换言之，即是否接受权力安排是冲突的原因。"控制与反控制、管与不服管的矛盾，是代际社会角色心理方面存在的一个重要矛盾。"[1]当老人坚持要争夺家庭权力，要儿子服从时，儿子的不服从行为，便引起老人的反抗。但随着家庭代际生产方式、生活方式差距的拉大，社会孝道规范的变动，老人试图控制儿子的能力日渐降低。因此，老人必须被迫放弃家庭权力。据笔者调查得知，从改革开放以来的时期内，老人对于家庭权力呈现逐渐放弃的过程。也正因为老人逐渐放弃家庭权力，所以由于争夺权力而引发的冲突日益降低，正如一些老人所讲："你不管他们的事情了，他们想怎么干，就怎么干，不就没有矛盾了？"

在中国传统社会中，国家将孝道文化上升到意识形态高度，巧妙地将

---

[1]　吴鲁平：《微妙的隔膜——代际心理》，中国青年出版社1993年版，第61页。

忠孝观念有力联结在一起，并通过相应奖惩措施弘扬传统孝文化；加之，传统社会以农业生产为主的特征，因而在传统社会中，老人有着较高的社会地位和家庭权威。进入现代社会以后，尤其改革开放以来，传统保护老人家庭权威的制度环境、社会环境等发生了很大的变化。现代工业经济兴起的标志之一就是大机器工业生产的推广。大机器工业将社会生产从家庭中分离出来，父亲们原先所拥有的财产经济权与生产劳动组织者和领导者的地位丧失，父权赖以存在的社会根基被颠覆。同时，工业经济兴起后各类学校教育的普及，又使子女学到比父辈更多更先进的科学知识，子女毕业后能够凭借自己的学识和能力自由选择职业，依靠工资生活。小农自然经济中的子承父业的古老传统被改变，随之而来的是亲子关系的传统模式发生根本性的变革。① 换言之，生产活动方式的变化撼动了家长固有权力的合法性。"有能力的人具有权威，而不是有权威的人具有能力。对此，村民们从不含糊。但是，能力的标志是什么？不同的生产活动方式有不同的参照系。因而在农业技术进步和职业分化过程中，家长的权力一步步缩小，老年人的权力受到蔑视。"②

王秩龙认为，老人权威的维护有赖三个方面，即传统孝道的价值体系、传统社会的国家律法和家法以及老人自身所拥有的优势资源。③ 毋庸置疑，进入现代社会尤其是改革开放以来，赖以维护老人家庭权威的社会条件都已经发生变化，他们的权威受到很大的动摇。农村年青一代外出务工之后，他们的实力明显超过父辈，家庭代际关系发生逆转，老人家庭权威下降呈现明显趋势。事实上，即使城市老人的权威亦呈现下降趋势。沈奕斐认为，父亲仅依靠身份特征和年龄特征来建立权威是不太可能了，支撑父亲有家庭权力的因素发生变化，例如，社会中的权力和经济地位可能转变为他们在家庭中的权力。④ 需要指出的是，代际双方对于权力的认识与态度，是一个逐渐转变过程；老人与子辈对于家庭权力是一个博弈过程。

---

① 丁文等：《当代中国家庭巨变》，山东大学出版社 2001 年版，第 71 页。
② 沈关宝：《一场悄悄的革命——苏南乡村的工业与社会》，云南人民出版社 1993 年版，第 214 页。
③ 王秩龙：《王村调查——农村老人权威的丧失及其养老问题》，《社会》1999 年第 7 期。
④ 沈奕斐：《"后父权制时代"的中国——城市家庭内部权力关系变迁与社会》，《广西民族大学学报》（哲学社会科学版）2009 年第 6 期。

（一）夺权

20 世纪 70 年代末期 80 年代初期，在村民外出务工之前，他们仍然生活在农村。由于流动性低的农村社会特征，使农村中依然保存着较有力的孝道观念的大传统，这种传统力量并未立刻消解，老人依然对家庭权力的争夺具有较大的动力。

个案：王德胜

问：儿子要是不听您的话，您会生气吗？您会怎么办？

答：儿子成家了，按理说，我就不该管了，让他自己生活吧。可是，都在一个村里生活，你能看着他的一些事情不管吗？

问：您能讲一个例子吗？

答：儿子成家后，他讲，自己的房子不好，想再盖房子。我讲，可以。当时，我想帮他盖，可他觉得我的思想太老了，我讲，我吃的盐，比你吃的饭都多。你不听我的，人家就不听我的。当时，我们就干上了。当时，我骂他骂得很厉害。

这段对话表明儿子成家后，老人依然希望能够干涉儿子的事务，尽管他告诉笔者他不想当家了，可是他仍然希望儿子盖房子能够按照他的意图来办。但是，儿子却有着不同的想法，以至于与老人发生了冲突。老人通过激烈骂架来对付儿子的不服从行为。由此可见，老人冲突中行动的主要意图是为了权力的价值诉求。

（二）让权

村民外出务工之后，村庄发生悄然变化，村民逐渐把眼光面向村庄之外。老人在目睹了前辈权力争夺的事件之后，他们也日渐变得开明了，逐渐不再过多干涉子辈的事务。原因是，子辈的能力已经日渐超过父辈，子辈开始成为大家庭中的"经济权威"。父辈虽然留恋家庭权力，但迫于现实情况，不得不让出权力。但在让权的过程中，部分老人依然做出了一定的行动，张世来通过吵架的方式进行对抗，就是典型的例证。

个案：张世来

问：儿子成家后，您还当他的家吗？

答：当是不当了，不过有些事情还要讲嘛。

问：要是他不听，您会怎么样？

答：儿子出去打工了，平时想当他的家，也当不了。农忙回来了，我讲，有些事情，搞不到一起，就要讲讲嘛，比如，那年稻子要收了，他非要雇个车拉回来，我讲，那不得花钱吗？他讲，他有钱，我讲你有钱，也不能这样呀。我就是不让他这样干，我们就吵了一架。

问：那最后呢？

答：最后，不还是按照人家的意思办了吗？不行了，后来我也就不管了，管不了了。没办法。

子辈外出打工以后，他们的经济收入开始逐渐增强，随之而来的是，他们观念也发生一定的变化。老人虽然仍希望干涉子辈的事务，但老人与子辈的实力已经逐渐拉开。有些事务，子辈可以通过经济手段来解决，这样就降低了父辈的家庭权威。另外，临时性的分居生活，也降低了老人干涉子辈生活的条件。

（三）放权

近年来，由于子辈与老人几乎形成城乡二元分居的生活模式。由于代际居住空间的分割、代际实力的拉大、生活方式的差异，因此两代人生活在完全不同的轨道上。子辈的生活越来越远离父辈所熟悉的生活模式，父辈对于子辈的生活、工作等方面，虽然也有部分的了解，但他们已经无法继续干涉、指导子辈的生活。如此一来，父辈对于家庭权力的争夺，已经失去意义。过去，家庭代际生活在同一轨道，父辈凭借自身的经验优势，希望子辈能够听从老人的建议。而改革开放以来中国社会发生了迅速的变化，农村老人根本难以跟上时代潮流。在老人无法指导子辈时，不论他们是否还有对家庭权力的留恋，他们都必须让渡出权力，也没有必要再为权力的价值诉求而抵抗。

个案：王胜天

问：现在您还管儿子的事情吗？

答：管，怎么管？人家干的事情，我不懂，管不了了，过去在家种地，我还能讲两句。现在讲什么？

问：会因为管不了而生气吗？

答：那不生气。

二元模式的生活状况使父辈失去干涉、管理子辈的资格和能力。久而久之，当他们自身也认识到这种现实后，父辈就不再为是否具有家庭权力而与子辈发生强烈冲突。当然，笔者并不是说，现在老人就放弃对一切家庭权力的争夺①，而是说，当前老人为权力而冲突的价值诉求开始大大降低。从改革开放至今来看，老人在冲突中对权力的价值诉求呈现降低的趋势。

老人家庭权力的丧失是不争的事实；但是，老人是否心甘情愿地接受这种现实，这是我们需要认真分析的问题。事实上，通过笔者对Y村老人的实证调查得知，他们对于家庭权力的维护也在经历一个博弈的过程，即本书所讨论的家庭代际冲突中老人行动方式的策略选择。然而，在经历了中国改革以来30多年的博弈历程之后，老人们日渐认识到这种家庭权力的维护效果并非理想，以至于出现了他们被动或者干脆主动放权的现象，即笔者所总结出来的老人为权力而行动的价值诉求呈现降低的趋势。而这又降低了由于争夺家庭权力引发的代际冲突，以及老人的行动方式趋向弱化与私密化。

二　干涉方式转变

改革开放以来，老人的权力价值诉求呈现降低的趋势；那么，权力的实现方式是否发生变动呢？调查发现，老人权力的实现方式经历了由直接干涉转向间接干涉的过程。以下，我们将通过具体个案进行分析。

（一）直接干涉与激烈冲突

直接干涉是指老人对于子辈事务进行当面指导、批评以及纠正等，通过直截了当的方式进行干预，试图希望子辈按照自己的意图做事。那么，在家庭代际冲突中就表现为老人为获得权力的行动。

个案：刘胜利

问：您为什么要与儿子发生冲突呢？

答：盖房子他不听我的。

问：那当时是什么情况呢？

---

① 隔代抚养方面的话语权，老人还在争夺。

答：当时，他盖房的时候，他自己在弄根基。他讲，他自己行。我讲，那行。结果弄好了，我一看。都不稳，泥土都是松的。我讲，这个不行。他讲行，我讲他也不听。非要接着往上盖，那怎么行呀？房子是大事呀，塌了怎么办呢？我讲他不听，气得我直接将他弄好的根基给推倒了。

个案：张丽梅

问：您当时为什么要骂儿子呢？

答：当时，他舅舅病了，他舅舅家就在邻村。我讲，你这个做外甥的，应该去看看你舅舅。他讲，他有事不能去。我讲，你再忙，也得去。他就是磨蹭着不想去。我就当面骂他，我讲，你小时候，你舅舅是如何疼你的，你不能没良心呀。我讲，你必须去。你要不去，以后我没你这个儿子。

（二）间接干涉与冲突缓和

间接干涉是指当代际发生冲突时，老人并不进行当面直接干预，而是通过中间人调解、传话的方式，以希望子辈按照自己的意图办事。

个案：李兆庆

问：现在您还管儿子的事情吗？

答：这个怎么讲呢？说不管也不管，说管也管，反正现在不好管了，你看，人家干的事情，我也不懂了，不好意思讲嘛，但是有些地方觉得看得不对了，还是要讲，但要讲究方法，有时候，转个弯弯，讲讲呀，或者让别人讲讲呀，反正当面直接讲，搞不好，又是一场气。

"由此可见，随着生产技术由直接经验转为间接经验（知识）的应用，随着从看得见、摸得着的农田劳动转向以看不见、摸不准的市场要求为依据的工业生产，乡村里父子之间、两代人之间的关系发生了重大的转折。他们正在按照各自在经济运行体系中的地位调整社会角色，从而使自己履行这种社会角色。"①

第四节　声望价值诉求

一　声望在乎程度转变

农村老人的声望，是指他们在村庄、家庭中的面子、受尊敬程度等。调查显示，伴随子辈外出务工的变动情况，老人对声望的在乎程度呈现由高度在乎趋向低度在乎以及"不在乎"的过程。与此同时，老人在代际冲突中的行动方式趋向弱化与私密化。

（一）高度在乎

村民外出务工之前，村民之间的日常联系较为紧密，人们对于声望非常在乎。因此，当老人无法从代际交往中获得声望，使他们在村庄中丢掉了声望，为了维护声望，他们就会与子辈发生冲突，并进而具有较为强烈的行动方式。

> 个案：刘翠梅
>
> 问：如果儿子、儿媳妇在某些事情上让您没有面子了，您会怎么样？
>
> 答：在农村嘛，树活一层皮，人活一张脸，谁能不要脸面？让村里人都晓得了，那我得讲讲他们了。要不，我怎么在街上见人，丢人嘛。
>
> 问：面子那么重要吗？
>
> 答：那当然重要了，小伙子，你可晓得唾沫星子淹死人，可懂？下辈子太不像话了，你不讲，邻居们会笑话你的，可对？

在个案看来，"面子"非常重要。20世纪80年代初期的Y村是一个高度熟悉的社会，村里几乎所有人都相互认识，人际的熟悉程度非常高。老人如果在与子辈冲突中丢掉"面子"，那么，他们就要通过种种策略挽回"面子"，当然，不一定当时就能够挽回"面子"，可能通过

---

① 沈关宝：《一场悄悄的革命——苏南乡村的工业与社会》，云南人民出版社1993年版，第216页。

延时来实现"面子"的挽回。否则，他们就会觉得没有办法在村中正常生活。

个案：刘翠梅

问：听村里人讲，您一般不发脾气，为什么那次在街上就与儿媳妇吵架？

答：我的脾气是不错，要在家里，一般不会与人吵架。可是，那次儿媳妇正在街上当着人讲我的不好，我正好从那边过，看到了。我讲，你也太不像话了。我就上前，讲她，你看，她比我还厉害，我就和她吵起来了。

问：为什么要在街上吵架呢？

答：不吵不行呀，人家都骑到你脖子上了，你能做哑巴吗？人都有一张脸嘛。

如果家庭内部冲突行动是一种私密后台行为，那么，在公开的大街上就转变为一种被他者所知晓的前台行为。我们知晓前台行为已经具有表演的性质，前台行为因为有观众的在场，所以表演者就要顾及各自的面子和尊严。从上述个案看来，如若在私密空间发生冲突，她可以不进行反抗；但在公开场所发生冲突，她就要有所行动，因为这关乎到她的面子。为了顾及自己的面子，她就会与儿媳妇吵架了。上述案例也可以反映出，老人在这一时期对声望是高度在乎的。

（二）低度在乎

进入 20 世纪 90 年代之后，村庄共同体开始消解，村民之间的人际关系日益疏离、理性化，村庄舆论开始逐渐弱化。而且，从上述章节的分析中我们知道，家庭代际冲突场所已经悄然发生变化，由过去的公开空间逐渐转向半公开空间，由过去的不回避他者逐渐开始回避部分他者。冲突空间的变化涉及观众在场人数的多少和人员的类型，这也将影响到老人声望的范围。随着代际实力、距离的拉大，老人即使非常在乎面子，也未必能够实现。

个案：张翠娥

问：如果儿子、媳妇让您丢面子了，您会怎么样？

答：那我当然生气了。

问：您会反抗他们吗？

答：会，不过那得看场合了，在大街上肯定不行嘛，让人都知道了，不好。

问：为什么？

答：面子是重要的。现在，子辈不同了，出去打工了，你也讲不到了，忙了，回来干活，你讲什么？再说，现在村里的人，也都想出去挣钱，你讲，你要面子，人家也没工夫听呀。子辈也烦我们有什么事情在外面讲。你说，面子有用吗？有次，我讲儿子，我讲，你做事就不考虑我的面子。你晓得他怎么讲？他讲，面子值几个钱呀？（哈哈）。

(三)"不在乎"

"打工潮"开始之后，村庄价值体系发生转向，过去束缚人们、规范人们的传统习俗，以及尊老的那套价值观念正发生转变。村民把目光日渐投向城市务工挣钱，而对于老人所珍视的面子不再过多顾及。随着村庄舆论的弱化、村民社会关系的疏离，人们也逐渐不再过多关注他者的看法。正如个案中的儿子所言，"面子值几个钱？"。也就是说，老人的声望需求是被村庄舆论、村民关系以及儿子行为等因素逼迫降低的。在这样的过程中，老人开始重新认识自我、重新对自己进行定位、重新定位自己的价值诉求。进入 21 世纪以来，随着子辈完全投入到城市务工之后，老人的声望被进一步降低，以下我们通过个案予以说明。

个案：李连珍

问：您在乎面子吗？您会因为面子与子辈发生矛盾吗？

答：面子，你在乎有用吗？现在的面子就是没面子。

问：为什么？

答：现在老了，不中用了，不行了，在乎也不行了。现在的老人都没什么用处了。你看，现在子辈都出去打工了，人家比咱强。我讲，我们要什么面子？不像过去，讲谁家的子辈，听子辈的、尊重上辈的，就是好的。现在都在比挣钱了，你讲，子辈挣到钱了，就是有本事，你老是要面子，你能改善生活吗？可对？（哈哈）

上述对话表明，当前的农村价值体系已然发生很大变化，村民之中日渐蔓延一种经济理性的潮流，并已经大幅度卷入农村社会之中。中国社会的快速发展，使生在农村、经历过困难时期、没有受过多少教育、没有技能的老人，在社会发生迅速变迁之后，他们与子辈之间的实力被显著拉大，他们迅速被沦为弱势群体。坦率地说，任何人都有声望的价值诉求，农村老人亦不例外。然而，在他们被弱势化之后，在村庄整体价值体系、人际关系发生变化之后，他们所珍视的声望问题，必须被他们自己搁置起来。换言之，农村老人日渐被迫放弃对于声望的需求。久而久之，日渐"理性"的他们，也就不再为声望诉求而与子辈发生冲突。相反，却是把重心放在如何改善代际关系之上，如何能够让子辈更好地孝敬他们。正如一些老人所言："现在讲什么面子呀？儿子、媳妇给吃给喝，不就行了？你管人家干吗？你要面子干吗？人家也不在家，有什么面子可讲？"

当孝道规范发生变迁，当代际关系发生变动之后，老人对于声望的需求开始发生变化，即他们不再过多在乎声望问题，于是因为声望问题而导致的冲突亦开始减少，即使发生冲突，其强度亦较低。换言之，老人对代际关系进行了再解读，因而降低了冲突的程度，同时，降低了老人行动的强烈度。

农村社会中的确存在面子竞争，但对于老人来讲，当下的这种竞争，更多地表现在年青一代之间的相互攀比。笔者在 Y 村发现，将近一半的农户已经盖起楼房，但却长期没有人居住，也就是仅仅到春节期间才有人居住。但他们依然非常热心这种攀比。

二　实现方式转变

在代际共同居住在村庄的时期内，老人声望的获得是通过具体事情而得以呈现。也就是说，老人是在某些具体事件中获得面子与尊严。与此同时，老人为声望的行动也是针对某些具体事务而言。冲突事件的发生是子辈在场下的行动，同时，亦有其他观众在场。而当前，绝大多数子辈已经不在场，从上节的分析中我们得知，老人的声望价值诉求已经被迫趋向降低。降低并不意味着消失，只是其实现方式发生转变。由于子辈不在场，老人与子辈之间的冲突多是通过电话进行的，这样一来导致观众也不在场。当子辈、观众都不在场时，老人声望的实现方式就会由真实扮演逐渐转变为自我表演。

（一）共同在场①的声望：真实扮演

在吉登斯看来，"不同社区或社会的成员之间的任何接触，无论涉及范围有多么广泛，都涉及了共同在场的情境"。② 同样的道理，声望的获得与在乎程度也与共同在场有很大关系。当家庭代际双方共同居住在同一村庄的时候，由于双方共同在场，且共处一个极度熟悉的共同体之中，彼此都极度在乎"面子"，因为"面子"直接关系他们的日常生活。因而在家庭代际发生冲突的时候，即使老人处在弱势地位，他们也要通过一定策略极力维护自我尊严和声望，尽管效果并非理想。需要指出的是，老人对于这种双方共同在场的声望维护，其行动一般都是真实扮演，即他们极力在共同生活的空间中做出对抗子辈的行动。由于代际双方的共同在场，加之，村民关系的极度熟悉，老人的行动目的与策略必须真实。

　　个案：王德胜

　　问：您在改革开放初期，那时候家庭发生冲突了，您在乎面子吗？

　　答：那当然在乎了，村里人都在村里生活，树活一层皮，人活一张脸，都在一起生活，如果不去争面子，不等于不要脸嘛，当然要了。

　　问：争夺面子，是您真实的想法吗？

　　答：哈哈，这个还用问？当然是真的了，难道还要做戏吗？

农村是一个熟人社会，村民之间的熟悉程度非常高，老人如果在冲突中没有任何行动，会被村民取笑的。因此，老人在冲突中的行动强度一般比较高。而且，他们争夺"面子"的行动也非常真实，即极度在乎声望的真实扮演行动。

---

　　① 改革开放初期，Y 村几乎所有村民都生产、生活在村庄之内，因此村民之间的关联度非常高。也就是说，在单一的物理空间中，承载着诸多复杂的社会关系，有血缘关系、拟血缘关系、姻缘关系、朋友关系等，错综复杂的各种社会关系经常还叠加在一起，使每个单一的关系出现问题，都会将其他关系卷入进来。需要说明的是，正是这种高度熟悉、高度复杂的社会关系，使生活在同一空间中的个体不可能不在乎其声望。

　　② ［英］安东尼·吉登斯：《社会的构成》，李康等译，生活·读书·新知三联书店1998 年版，第238 页。

（二）一方缺场①的声望：自我表演

而当代际关系中一方长期缺场之后，老人单方由于家庭代际矛盾而产生的声望问题，就发生了很大的变化。随着家庭事务的私密化，其他村民对于家庭内部事务的知晓程度开始逐渐降低，如此一来，老人对于自我声望的维护就加入了自我表演的成分。尽管他们在代际冲突中依然具有行动，但却不像过去那样将家庭矛盾诉诸公开，而是将其包裹起来。即使代际矛盾重重，但对外却表现出一副自我良好的状态，即通过自我表演的手段维护其在村民中的声望。他们通常的策略是，将代际矛盾掩盖，却将家庭荣耀的事务进行一定程度的宣扬。尽管有研究表明，村民之间竞争"面子"的程度有所下降。但对 Y 村的研究发现，虽然村民对于"面子"的竞争不再那么激烈，但老人对于子女的生活、工作情况的炫耀现象依然存在。在笔者看来，这或许可以成为他们所付出的一种补偿。

个案：刘大勇

问：您认为现在老人在乎面子吗？

答：这个怎么讲呢？也在乎，也不在乎。

问：那如果他与儿子有矛盾了，他会公开讲吗？

答：这个嘛，一般不会。即使儿子不给老人面子，老人也要自己给自己面子。

问：您是什么意思呢？

答：反正他儿子不在家，就是他儿子和他有矛盾了，他肯定觉得脸上不好看，但他也不会讲，讲了丢人嘛。所以，他也会对别人讲，他儿子还行。

事实上，儿子的缺场，使老人对声望的在乎程度开始降低，同时也给老人提供了自我表演的机会。实际上，我们从极度在乎声望与真实扮演转向低度在乎声望与自我表演可以看出，老人在冲突中行动的声望价值诉求趋向降低。当然，需要指出的是，老人是处在被迫退出对声望争夺的过程中。

---

① 实际上，伴随村民外出务工的过程，村民人际关系逐渐开始松弛，村庄舆论逐渐弱化。老人不再过度在乎声望，不仅仅与子辈一方的缺场有关，同时也和村民关系松弛有着很大的关系。

　　声望与生活面向有着直接关系，当子辈们希望将生活面向村庄之内时，他们则必然在乎村民对他们的评价，当他们将生活面向村庄之外后，他们就不再过多在乎村民的评价。但与子辈不同的是，老人仍然生活在农村，他们还要将生活面向村庄，因此他们还有声望的需求。子辈一方的缺场，为他们提供了自我表演机会。

本章小结

　　本章主要围绕行动方式的价值诉求变迁以及价值诉求实现形式的变迁而展开，讨论了八个方面：第一，老人对于经济资源的价值诉求呈现降低的趋势；第二，老人对于情感的价值诉求呈现出升高的趋势；第三，老人对于权力的价值诉求趋向降低；第四，老人对于声望的价值诉求呈现降低的趋势；第五，老人对于经济的价值诉求方式发生变动，由实物诉求转向实物混合货币诉求以及货币诉求；第六，老人对权力的价值诉求方式发生变动，由直接干预转向间接干预；第七，老人对声望的价值诉求方式发生变动，由极度在乎与真实扮演转向低度在乎与自我表演；第八，老人对情感价值诉求方式发生变动，情感内涵与情感标准发生变化。老人行动价值诉求及其实现方式的转变，降低了老人在家庭代际冲突中的行动强烈度与公开度。

第六章　社会结构变迁与老人行动

第五章较为详细地分析了改革开放以来农村老人行动方式的实践特征、策略选择以及行动背后的价值诉求，而且涉及社会结构对行动的分析。为能够更为清楚地透视出结构与行动之间的关系，这一章专门从社会结构的层面分析行动的变迁。改革开放以来，中国社会结构发生了很大变化，就老人行动方式变迁而言，到底社会结构变迁是如何影响老人的行动逻辑？这就是本章试图回答的问题。

第一节　宏观结构变迁与代际关系转变

一　社会制度变革与代际冲突

（一）联产承包责任制与代际紧张

经历近代的社会运动之后，中国传统家长制受到严重冲击。老人在与成家子辈互动过程中，其家庭权威受到前所未有的挑战。人民公社时期后，代际已经基本上处于平权地位，尽管已经出现子辈不孝的迹象，但出于当时社会生活的集体化，家庭生活的内涵极为狭窄。由于集体力量对于家庭的有力干涉，使老人的生活能够得到保障，家庭代际的事务被集体生活所湮没。因此，当时的家庭代际冲突并非显著。[①]

联产承包责任制的实施，再次改变了家庭代际关系。联产承包责任制是按照人头进行耕地分配，在子辈成家之前，耕地以及耕地收入由家长支配控制，家长能够保持一定的家庭权威。而在子辈成家后，他们有权利将属于自己的耕地独立种植，而且他们控制耕地的经营与收入，即分家后的

---

① 张乐天：《告别理想——人民公社制度研究》，东方出版中心1998年版，第374—398页。

农业收入由小家庭自行掌握。如此一来，老人在传统社会中所拥有的土地支配权已经丧失，动摇老人在大家庭的权威。尽管家庭代际有着千丝万缕的联系，但实际上，小家庭与父辈之间过着相对独立的生活。尤其是那些没有丧失劳动能力的父辈更是如此。即使是那些丧失劳动能力的老人与子辈共同生活，但子辈也已经基本上独立生活。相比传统社会的家庭关系来说，子辈已经不再完全服从于父辈的命令，相反却是他们自主性的增长。由于分田到户的制度变革，成家子辈开始独立生活，父辈丧失了家庭权力，不甘心退出家庭权力的部分老人与子辈产生冲突，因此导致某种程度上的代际紧张。

　　　　个案：王德胜
　　　　问：刚刚分田到户时，为什么有些家庭矛盾厉害呀？
　　　　答：这个怎么说呢？吃食堂的时候，大家都在生产队干活，一块儿到大食堂吃饭，家里不开火，和子辈们也没什么事，他干他的，我干我的，就是老人呀，也能吃上饭，家里生活很简单，那时候，大部分孩子还听话。他们也不行，也是在队里干活，有些活，还不如我们干得好。
　　　　问：那后来呢？
　　　　答：后来，分田到户了，我们这些老人就讲，分田到户，好呀，生产队那会儿，大家干活不行，都是公家的，谁也不卖力，粮食产量低，浪费的也厉害。分田到户了，自己种自己的，大家都来劲了。
　　　　问：那和成家儿子的关系呢？
　　　　答：分田到户后，粮食产量高了，生活好些，不过，孩子已成家，就要分家，地就自己种了，老的想管就管不了了，有些老人还是老观念，要管儿子，儿子呢，不让管，特别是，你看，我们这些当过队长的人，原来管那么多人，现在儿子都不让管了，有矛盾嘛。哈哈，就是要权嘛。

　　分田到户的制度性变革导致父辈土地资源控制权的丧失，进而导致家庭权威的衰落，他们正在逐渐被弱势化。在面临家庭权威日渐衰落的过程中，不甘心退出家庭权力的部分老人便会做出某种反应，导致代际关系紧张。

（二）惠农政策与代际关系缓和

中国历史上一直存在上缴"皇粮"的社会制度，即使新中国成立以来，我们也依然有着交"公粮"的制度安排。"皇粮"、"公粮"对于农民来说，一直是一项负担。进入21世纪后的惠农政策，是一项历史上前所未有的制度变革，非但农民不需要上缴粮食，而且，国家还对农民进行一定的农业补贴。于是，这项制度受到广大农民的高度认可，据笔者调查显示，几乎所有被采访的老人，都对这项政策高度赞扬。

对于Y村老人来说，农业收入是他们生活的重要来源，惠农政策的实施，使他们农业收入有了很大的提高。许多低龄老人可以通过种植耕地维持生活。这就大大降低了老人对子辈经济上的依赖，也因而改善了因经济问题而导致的冲突。对于经济落后的Y村来说，经济因素一直以来是代际紧张、代际矛盾的导火索。可喜的是，农业收入的提高，减少了因经济因素而产生的纠纷。

> 个案：王胜天
>
> 问：您如何看待惠农政策？
>
> 答：这个政策，好呀，从前，哪有这个弄法呀？现在社会好呀，我们老人种地可以呀，行呀，随便种种就够吃了。什么都不用交，国家还给钱。哈哈，好呀。
>
> 问：那对您的家庭有影响吗？
>
> 答：有影响呀，你看，收成好了，不用交了，不就日子好了吗？再说了，现在干活也轻松些，人干得少，都用机器了。哈哈。
>
> 问：那对您与子辈的关系，有影响吗？
>
> 答：哈哈，我们自己够吃了，还有点剩余，不就不用向他们要了吗？过去，家庭闹矛盾，不都是因为吃不上，喝不上，穿不上吗？现在你日子行了，还有什么矛盾闹呀？
>
> 问：那就没有矛盾了吗？
>
> 答：那倒也不是，也有，不过不是很厉害。都是一些鸡毛蒜皮的小事。家庭矛盾主要还是，因为经济原因，经济好了，日子好了，就没什么事了。

从上述对话不难看出，惠农政策使老人的生活水平得到较大改善。老人经济收入的提高，大大降低了对子辈的依赖，也减少了代际因经济争夺而引发的冲突，代际关系得到缓和；即使发生代际冲突，老人在冲突中的行动方式亦较为微弱与私密。

二　城乡二元结构松动与代际关系转变

（一）子辈赡养金额的增加

改革开放初期开始，Y 村的子辈逐渐向外流动。调查显示，20 世纪70 年代末期80 年代初期 Y 村很少有外出人员；80 年代中期开始，外出务工现象开始出现，1987 年时，外出务工人数急剧增多；到 90 年代初期就出现了大规模的外出务工；当前，Y 村的主要人口为老人。由于 Y 村当地没有发展地方企业，因此这种外出流动的动力和速度异常明显。代际关系的转变与村民外出务工有直接关系。伴随子辈外出务工的过程，他们对于老人的赡养金额，呈现日渐增加的趋势。基于 Y 村原有经济条件非常贫困，因而赡养金额的增加大大降低了代际冲突的频率和强度，同时降低了老人在冲突中的行动强烈度。

个案：张丽梅

问：您能讲一下与子辈的关系吗？

答：过去，我们没有机会出去挣钱，那时候，家庭有矛盾，大多是因为经济问题，婆媳闹矛盾呀，与儿子矛盾呀，老人哭呀，闹呀，媳妇，闹呀，哪个不是因为经济问题？

个案：王胜天

问：您能讲一下子辈出去务工后对家庭的影响吗？

答：你看，现在村里哪有青年人呀？都出去打工了，打工挣到钱了，都能给老人一些，我儿子不就给吗？过去老人不行呀，子辈也没钱呀，现在好了，我儿子，每月能够挣两千多，他每月给我一两百元，有时候，三四百元，我觉得日子好过了，矛盾少多了。我在家照顾小孩子，他们在外面挣钱。就是有矛盾了，也是非常小的事情了。（哈哈）。

从上述两位老人回答中可以看出，城乡二元结构的松动对家庭代际关系造成很大影响。对于仅仅依靠农业生产为主的 Y 村，在其经济收入渠道非常单一的情况下，子辈外出务工收入的增加极大地改善了代际关系。

改革开放初期的代际冲突多是因为经济问题，而当经济收入增加之后，代际冲突程度随之降低。即使代际发生冲突，老人的行动方式也趋向缓和与私密。

（二）家庭权力结构的转变

伴随子辈外出务工进程的加剧，代际生产方式、生活模式的分离，家庭权力结构由亲子主轴转向夫妻主轴。这种转变是一个逐渐发生的过程，亦是代际权力博弈的过程。

　　个案：王德胜
　　问：那时候，您管子辈吗？
　　答：那怎么不管？都在家种地，他干得不行了，我不得讲吗？生活上我比他有经验吧。
　　问：那你们之间有矛盾吗？
　　答：他不听我的，不就有矛盾了吗？我讲，我是为他好，有哪个老人会害子辈的？可对？我的经验比他多吧。他不听，我讲，我生气嘛。后来，儿子出去打工了，人家出去了，就不行了，管不住了。
　　个案：刘大勇
　　问：您现在管儿子的事情吗？
　　答：哈哈，管？管不了了，儿子有本事了，人家能挣钱了，现在社会是子辈的天下，我们这些老人不中用了。再讲了，人家干的事情，我们也不懂，顶多告诉他在外面要好好干，做人，好好的，不要违法。其他的事情，我们就管不了了，不懂了吗？可对？不像过去在家种地，我们都懂。
　　问：那你们现在有矛盾吗？
　　答：我们不懂了，也就不管了，管也管不住了，不管了，就没有矛盾了。

随着子辈的外出务工，代际的生产方式、生活模式发生很大变动，老人已然丧失管理子辈的能力。如果说，改革开放初期，他们认为，还可以指导子辈，之后还在尽力管理子辈的话；那么，当前子辈完全打工在城市，老人则很大程度上丧失了管理子辈的能力。同时，老人们也在此过程中不断对自己的角色进行再定位，即他们也认为应该不要过多干涉子辈的事务。因此，代际因为家庭权力的争夺问题随之大为减少，家庭冲突程度弱化。即使代际发生冲突，老人的行动方式亦非常缓和与私密。

（三）老人务工收入的出现

伴随城乡二元结构的松动，非但青年子辈持续大规模地向外流动，而且老人也加入了务工队伍。调查显示，Y 村从 1997 年、1998 年开始就有老人陆续进入务工队伍，当然，他们主要是进行短期的务工，而仍然以务农为主。尽管老人进行短期的务工，但他们也的确获得了一定的经济收入，从而降低了对子辈的经济依赖，缓解了代际冲突以及弱化了他们在冲突中的行动强烈度。

> 个案：王胜天
>
> 问：您是什么时候出去打工的？打工以后您还依靠子女吗？
>
> 答：我是 1999 年出去打工的，我们这些老人不行，什么技术都没有，就是干些体力活，不过也能挣些钱。自己有钱了，就不向子辈要了，哪个做父母不希望自己的儿女过上好日子呢？
>
> 问：那您自己有钱了，对您和子辈的关系有影响吗？
>
> 答：哈哈，有影响呀，我们有钱了，就不需要向他们伸手了，矛盾不就少了？过年回来了，他们还吃我的，喝我的，那还有什么气吗？过去家庭矛盾，不都是因为没钱吗？现在你有钱了，子辈吃你的，他还能讲什么话呢？可对？
>
> 问：那你们就一点矛盾都没有吗？
>
> 答：那也不能那么讲，矛盾还是有的，都是一家人，磕磕碰碰的，观念不一样呀，不都是矛盾吗？但是你讲，有什么大的矛盾，那没有。
>
> 问：那要是有矛盾了，您会怎么样呢？
>
> 答：那能怎么样呢？不就是讲讲吗？他们听不听，我这老头子，也管不了了，毕竟他们现在不在你身边，你就是想管，也控制不住呀。争论呀，拌拌嘴的，我觉得，这都属于正常嘛，可对？

城乡二元结构松动之后，不但使子辈流动到城市务工，大大增加了其经济收入，同时，老人也在此过程中也加入务工队伍。子辈赡养金额的增加，老人自己经济收入的提高，都极大地降低了代际冲突的程度。代际距离的拉大，使老人无法继续对子辈进行管理和控制，他们必须被迫退出对子辈家庭权力的实施。基于上述三方面的原因，所以，代际冲突的频率和强度大大降低。当前，即使代际发生冲突，老人行动方式亦非常微弱和私密。

第二节　村庄结构变迁与老人支持体系

一　村民互动与人际关系

（一）村庄人口结构变动

改革开放以来，Y 村的人口结构发生很大变化。从改革开放初期到80 年代中期，村庄人口结构变动不大；而从 80 年代中期开始，随着打工现象的增多，村庄的人口结构日渐发生了变化。但 80 年代中期到末期的这段时期内，主要是青壮年人外出进行季节性的打工，他们仍然在农忙时务农，农村依然是他们的归属。但从 90 年代中期到现在的这一时期内，外出务工呈现出加剧、加速的现象。青年子辈的离开，使村庄社会结构发生巨大转变。妇女的闲言碎语已经不再具有影响他人生活的效果。这种人口结构变化是如何影响家庭代际冲突，以及影响老人在代际冲突中的行动方式的呢？从以下案例可窥见一斑。

过去呀，村庄老少爷们多呀，那谁家的事不知道呀？不管谁家有事，我们就去看看，讲讲，谁家儿子、媳妇对公婆不孝敬了，我们这些人就要讲上几句了。一般来说，子辈也碍于面子，就收敛了。可后来这些子辈慢慢都出去打工了，和我们这帮老头子见面就少了，见面少了，就生了，有时候，一生了，就不能多讲了。现在就更不能讲了，子辈成年在外头打工，回来了，人家家里发生矛盾，上辈子不开心了。我们都不知道人家到底发生了什么事，我们怎么讲？可对？（王德胜）

八几年的时候，当时，我的儿子、儿媳妇不听话了，我们就吵起来了，有时候，也不分场合，在街上就干起来了。干起来了，村庄老少爷们都出来劝架了，怎么说我也是上人，乡亲们都会说几句话的。现在不行了，儿子与老人有矛盾了，村里没人了，谁还说呢？（王光美）

不难看出,在王德胜和王光美看来,村庄人口结构变化导致人际关系松散,人际关系的松散使村民之间对事务的干涉程度降低。老人在家庭代际矛盾中,已经不再能够获得以往的社会支持,所以,他们必然选择较为温和、私密的行动方式。

(二)互助性降低

改革开放初期,村民并未外出务工,他们依然生活在农村从事农业活动。不流动的村民之间容易建立稳固的社会关系,容易形成高度信任。在这样的背景下,人们之间的相互联系必然很多,同时,相互之间的干涉行为亦非常多。老人在家庭代际冲突中的行动,往往可以受到他人的帮助。

> 那时候,农村嘛,谁不知道谁呀?都是知根知底的,你想,我们在这里住了多少年了,就是谁家的爷爷,我也晓得,可对?农村就是这个,很熟悉的。谁家的事情都是相互帮助嘛,大家都是熟人,你说,我讲,谁家里发生矛盾了,你能不管吗?肯定不行。你不管,哪天你家有事了,别人也不管了,那不行。所以,就得管。上辈子与下辈子矛盾了,你能看着不管吗?我们都会管的,就是年轻人也会去管的。(夏丽珍)

由于Y村村民经济条件较差,单个家庭不可能将所有农具置办齐全,因而家庭之间就需要经常性的互相借用农具。其次,有些农活需要多人合作才能完成,所以,村民之间的互助行为非常多。再次,一些公共设施必须通过全体村民才能完成,例如,修建水渠、打井等关乎整个村庄的事务等。在生产互助中,村民形成非常熟悉的人际关系。

作为整合程度较高、结构性力量较强的村庄,除了血缘、姻缘纽带外,生产互助亦是他们形成紧密关系的重要因素。随着生产互助程度的降低,村民之间的人际关系开始日渐松散。因为在互助的过程中,他们有着频繁的社会交往,建立了紧密的人际关系。与之相反,当这种互助程度降低之后,村民之间的互动频次必然相应降低,导致人际关系的逐渐疏离。而这种疏离则会影响到家庭之间的相互帮助和干涉,进而影响到家庭代际矛盾中老人的行动方式。

以前，家里穷，不可能什么农具都有。干活时，都得借东西。时间长了，关系都挺好的，我讲，你天天去人家家里借东西，他家里有事情了，你能看着不管吗？我讲，可对？儿媳妇和婆婆吵嘴了，我们就要讲一下儿媳妇，儿媳妇不能这么干，可对？后来，经济条件好了，有能力置办家伙了，也是图个方便，就没必要借东西了。嗨，不借东西了，走动就少了，有时候，谁家的事情，也就懒得管了，人情淡了嘛。（陈秀丽）

生产互助是形成村民紧密人际关系的重要纽带，在相互帮助中，村民们建立起厚重的人际关系，而这种关系可以影响他们彼此家庭的事务。如此，便对老人在家庭代际冲突中的行动策略产生影响。而在不需要生产互助之后，村民们开始逐渐显示出他们生活的独立性，也就淡化了他们之间的情感关系。因为必要的长时间接触和联系是建立紧密人际关系的重要条件。一旦他们不再需要互助时，便自觉不自觉地疏远彼此的关系。老人的行动策略也就不可避免地发生转变。

过去，借东西是正常的事情，即使不借东西，也天天来串门，家里就不会断人。那时候，儿媳妇和我也有矛盾，可是我不怕，虽然我也知道干不过儿媳妇，可是我当着别人的面就敢吵嘴，有人帮忙嘛，哈哈，现在不行了。后来，都有东西了，就不用借东西了，嗨，串门慢慢少了，老人再和儿媳妇吵嘴，没有帮忙的了，那怎么办？就不能那么做了，就得生生闷气了。（王光美）

生产互助形成了频繁的人际往来，使婆婆能够获得他人支持，在他人支持下，她们就敢于使用较为强烈的行动方式与儿媳妇发生冲突。但是，随着生产互助的降低，人际往来的减少，显然，老人不再能够获得这种支持。所以，处在弱势地位的老人，也就只能使用柔和的行动方式。

（三）集体活动减少

血缘、姻缘关系是农村共同体形成的重要基础，生产互助也是共同体得以维系的必要力量，而集体活动则进一步加强了共同体的凝聚力。村庄中每个村民共同从事同样的事情，有助于他们形成对于村庄的认同，也有利于加强村庄的结构性力量。在农村社会中，集体活动包括祭祀活动、娱乐活动等，从某种意义上说，村民共同参与的婚丧仪式、盖房等个人重大事情，也可以认为是村庄集体活动。这些整体村民参与的集体活动，遵守着较为一致的社会规范，在活动过程中形成了强而有力的村庄结构性力量。如若集体活动中哪位村民缺席，会受到整个村庄的惩罚和舆论的压力，而积极参与集体活动则会受到整个村庄的正面评价。

20 世纪 80 年代末期以来村庄集体活动则在悄然减少。村里举办的唱戏活动也日渐退出人们的娱乐生活，婚丧仪式中的参加人员也在逐渐减少，由全村人免费帮助村民盖房的现象，转变为村民花钱承包给工程队等。总之，村民之间的集体活动已经大为减少，农村共同体逐渐走向消解[1]，农村社会结构的制约力量越来越小。这种结构性力量的变化都将在不同程度上影响着老人在家庭代际冲突中的行动方式。

> 二十多年前，村里会定期举行唱戏活动，每家凑点钱，大家干同一件事情，觉得挺有意思的。由村干部或者村中德高望重的老人主持活动，家家户户，男女老少，都要聚集到一起看戏。当时，很热闹呀，老人看戏，青年人其实不是为了看戏，但他们也去，凑热闹。大家在看戏过程中，都熟悉得很，还讨论事情。现在不行了，这活动不办了，就是办，也没人主持了，没人去了。（王德胜）

村庄集体活动具有很高的凝聚力，这种活动会加强村民对村庄的认同，促使村民们建立"我们感"，会形成一种有力的村庄社会结构。而这种结构会对村中每位村民发挥重要的影响作用。既然村民们都是一家人，那么，每个村民家庭的事情就是整个村庄的事情。因此，老人在家庭代际冲突中的行动便会受整个村庄的干涉和保护。而当集体活动消失后，村庄一家人的集体认同则逐渐消解，人们认为个体家庭的事务似乎与整个村庄没有直接的关系。因而也就不会直接干涉个体家庭的具体事务，老人的行动方式也就受到影响。

二　村庄价值体系与农民自主性

随着市场经济的发展，经济的驱动力日渐具有强大的生命力。在外出

---

① 有关农村共同体方面的研究详见毛丹《村落共同体的当代命运：四个观察维度》，《社会学研究》2010 年第 1 期。

务工的农民工看到城市的富裕生活后，在他们的内心中开始逐渐升腾出对于经济的强烈愿望，加之现代媒体对于农村的影响，人们逐渐开始把主要精力放在增加收入上。村庄过去那种重视人际温情的价值体系已经开始动摇，继之而来的是经济理性的日渐渗透。重视经济理性，更加剧了人们对村庄事务的离心，加之青壮年人已经不再把农村作为主要生活场所，村庄中的人际关系逐渐疏远。这种村庄价值体系的转变，在影响到村庄人际关系的同时，也影响到了老人在家庭代际关系中的行动方式。

> 80年代初，那时候，大家穷是穷了点儿，可是并没有钻到钱眼里，没有钱，可是我们关系很好呀，相互帮助呀，谁家有事了，就去了，儿媳妇骂婆婆了，我们就要讲话了。现在不行了，大家都是打工的打工，老人没有人管了。谁家有事，就是谁家的，谁也不管，你想，钱成了爷爷了。儿子不孝敬了，能硬着来吗？不行，那怎么办呢？换点别的办法呀，比如不配合他呀，他惹得老人生气了，过年他们回来，就不理他们。不就行了吗？可对？你让别人来劝架，不行，人家都忙着赚钱呢。（王德胜）

显然，当村民还在乎村庄舆论、村庄习俗、村庄文化的情况下，村庄还可以称为一种共同体，起到制约、保护村民的作用。而当村民们都在极度追逐经济理性的时候，村民之间的关系显然开始淡漠。人们无心过度关心他人私密生活。如此一来，即使老人在家庭中受到不良待遇，也无法得到村庄社会舆论的支持，因为村庄的价值体系已经发生变化，对人的评价标准也发生转变。

> 现在世道变了，青年人的心变了，老人的心也变了。以前，说谁家的孩子孝敬父母、老实，那就是好孩子。可现在呢，大伙见面就说，谁家的孩子在哪里挣钱，能挣到多少钱，谁有钱，谁就是有能力，而根本不会再讲，这个孩子孝敬不孝敬，有的孩子钱很多，可也没见他父母日子过得有多好。可村里人就说人家好，你有什么办法？可对？（刘大勇）

从刘大勇的回答中我们不难看出，村庄的价值体系已然发生了很大的变化。曾经"情感性"的价值标准已经失去力量，继之而来的是新型的经济理性价值评判标准。而这种经济理性的价值判断标准，无疑正在消解村庄的结构性力量，村庄已经不再成为一个集体行动的单位。

> 以前，村里要修路了，修水渠了，家家户户都关心。每家都要出人出力，想把事情办好，因为这是大家的事情嘛。现在不行了，没有人关心这些公共事务了。村里的事情都不关心了，他人家的事情就更不关心了。过去，谁家老人受气，整个村里人都会讲两句，现在没人讲了，都是自家的事情。（王德胜）

杨华在《最后一个"礼生"》一文中生动地讲述了湖南水村的一位老"礼生"，笔者认为，他可能将是水村的最后一位"礼生"。作为"礼生"，他懂得村庄的各种仪式过程，积极建设村庄的事业，他不遗余力地动员村民修建宗祠，恪守礼节。他认为"礼"是村民生活所必不可少的重要内容。然而，当社会结构发生变迁后，老人所珍视的那套价值体系受到青年人的强烈冲击。在市场经济的浪潮中，村民们将目光逐渐投向能够获得更多经济收入的城市，而对于村庄之内的生活则逐渐淡化。老人一生积极努力地将生活完全投向村内，而现代的年轻人则将生活日益面向村庄之外。老"礼生"表现出的无奈和挣扎，便是社会结构变迁对他造成的"阵痛"，也是传统转向现代所造成的"阵痛"。[①]

贺雪峰在对辽宁大古村的研究中发现一种负面的社会价值，即"气人有，笑人无"，意思是说，如果别人有钱，自己就很生气；如果别人没钱，就笑话人家。应该说，这是一种非常负面的村庄社会价值，这种价值观念表现出人际关系的背向。[②] 对 Y 村的调查发现类似情况。据村庄老人讲："过去谁家人有本事了，村庄里人都会前来祝贺，我们都是一个村的，可以互相帮助嘛。现在村庄谁家富裕了，村民就开始羡慕了，实际上，是嫉妒。"从上述老人的回答中我们不难看出，过去村民认为他们是一个共同体，任何个体的成就都可以在某种程度上转化为村庄的福利。例如，那时候谁家有人在城市上班、干活，村里人到城里了都会去找他。也

---

① 杨华：《最后一个"礼生"》，《中国乡村发现》2008 年第 2 期。
② 贺雪峰：《中国农民价值观的变迁及其对乡村治理的影响——以辽宁大古村调查为例》，《学习与探索》2007 年第 5 期。

就是说，村庄的某个有出息的人，会给整个村庄带来好处。然而，随着村庄人际关系的疏离，这种现象逐渐发生了变化。① 村民个体的事业、富裕程度，越来越与其他村民失去关联。正是因为这种转变，导致村民不再关注有能力的村民，不再对有能力的村民寄予希望；相反，可能对他存在一种嫉妒。而这又加剧村民关系的疏远。

如果说，村庄负面价值观念还是一种社会观念，能够产生社会舆论的话；那么，当人们对这种负面价值观念也不再在乎的时候，村庄结构将发生更大变化，村民关系将更进一步疏离，村民将变为更为原子化的个体。在笔者对 Y 村的调查中发现，村民现在对于谈论他人家庭的事务已经开始逐渐淡化，甚至连一些"看笑话"的心态也逐渐消失了，村民之间的关系极度疏远。这造成了家庭代际的事务，只能在家庭内部解决，而家庭成员绝不可能将之公开，因为公开家庭事务已经失去意义。"没有邻里的舆论约束，没有宗教的信仰约束，人们行动的唯一理由会变成赤裸裸的现实利益。"② 在现代社会，老人作为农村社会中"无用"③ 之人，村民是不大愿意对其进行帮助的，因而老人即使在家庭代际冲突中受到委屈，也不再可能获得村庄支持。所以，老人必须将自己的行动退缩到家庭之内。

在当前农村社会中，农民所具有的本体性价值观和社会性价值观都发生了变迁。所谓本体性价值观，是指农民所安身立命的价值观，诸如对生命意义的理解，是对人生意义追问的价值观念，例如生死观念、生育观念等。所谓社会性价值观，是指农民在社会交往中所遵循、获得的意义。随着现代性对农村社会的侵入，农村社会流动的增强，制度环境的变化，农民的本体性价值观和社会性价值观都发生了转变。具体而言，本体性价值观中死亡观念、生育观念都逐渐淡化，丧事喜办，冲击了对死者的尊重；传宗接代观念的动摇，挑战了人生意义的追问。社会性价值观念中出现了很多负面内容，将对村庄舆论产生负面作用，但有迹象表明这种负面性的

---

① 当然，外出务工队伍中村民之间的相互介绍、彼此帮助、集体认同等仍然存在，但村民关系已经日益理性化了。

② 贺雪峰：《中国农民价值观的变迁及对乡村治理的影响——以辽宁大古村调查为例》，《学习与探索》2007 年第 5 期。

③ 这里没有贬义。在当下农村社会中，多数村民将眼光投向城市务工，即使村民要寻求一些社会关系，也会去积极找一些有能力的年轻人，而不会去找那些老人，因为老人的经验、人际网络关系已经不再能够为他们所用。因此，老人就会变成"无用"之人，从中也能够反映出村民经济理性增强的一面。

社会性价值观也有式微的趋势。也就是说，甚至连负面性的社会舆论都难以产生，由此导致村庄共同体的彻底崩溃，随之而来的是，村庄人际关系的疏远、理性化、利益化。①

有学者认为，中国处在传统规范丧失，但新的规范尚未建立的困境之中。② 事实上，笔者调查显示，70 年代末期至今，代表传统规范执行者的老人，是在积极试图运用传统规范的力量，在家庭代际冲突中对抗子辈。老人通过诉说传统孝道规范试图指责子辈的不敬行为，即老人是通过寻求传统规范作为代际冲突中的行动资源。但是，随着现代观念对农村的侵入，这种传统规范的力量不断受到现代新观念的冲击，老人无法能够顺利使用传统孝道规范来抵抗子辈。通过我们对 Y 村老人的调查得知，老人利用顺从型的孝道规范，而后转变为经过改造的经济型孝道规范。在社会结构变迁的背景下，老人被迫改造传统规范，以维系家庭代际关系和自身晚年生活。

一个具有历史积淀的村庄，人们在村庄世世代代生产、生活，因而必然会形成一定的地方性规范，以保护和约束人们的行为，保持一定的村庄秩序。农业社会生产、生活的不流动特征，以及文化的单一性，保证了村庄地方性规范的维系。然而，当整个社会观念转变、社会流动增强之后，即使老人努力维护地方性规范，其效果也并不理想，湖南水村最后的一个老"礼生"就是典型例证。

三 村庄"救气"机制与老人声援体系

杨华等在《村庄中"气"的救济机制》一文中指出，村庄中存在两种"气"，即村民之间密集交往而产生的"气"和家庭代际产生的"气"。两种"气"在农村社会中的存在是一种十分常见的现象。在共同体村庄社会中，这两种"气"都有正常的宣泄渠道，即笔者所讲的"救气"机制。人们可以通过长远预期释放这种"气"，家庭代际冲突中产生的"气"，可以通过村庄的公共空间进行释放。老人可以通过在公共场所讲儿媳妇的不是，来获得村民道义上的声援；或者当面冲突也可以获得村民的社会支持。然而，当村庄共同体日渐消解之后，村民关系日益理性化，村民长期预期不复存在，相互之间的干涉程度亦开始降低。老人无法

① 贺雪峰：《中国农民价值观的变迁及其对乡村治理的影响——以辽宁大古村调查为例》，《学习与探索》2007 年第 5 期。

② 贺雪峰：《中国农村社会转型及其困境》，《东岳论坛》2006 年第 2 期。

将家庭内部的"气"释放到公共空间中去。① 事实上，笔者所谈论的"气"，我们可以理解为代际冲突中的一种行动。

在家庭代际关系中，老人对子辈的期待程度与其行动方式有关。正如杨华等在对"气"的研究指出，当代际关系日渐转变，子辈日益独立之后，老人对子辈道德上的期望程度降低。因而即使发生家庭代际冲突，老人也不会生很大的"气"。② 与之相反，老人对子辈期望越高，如果得不到子辈回报，则会生很大的"气"；那么，老人则会在代际冲突中使用一些较为激烈、公开的行动方式。

陈柏峰认为，传统熟人社会中有着"气"的平衡机制，例如"忍让"意识形态、宿命观、面子以及强有力的伦理等，这些都可以对"气"起到制约与宣泄的作用。在现代化的进程中，传统伦理发生了巨大的变迁，伦理束缚个体的力量越发无力，因而导致"气"肆无忌惮地释放。③ 基于中国幅员辽阔，各地农村文化类型、传统力量等不同，因而"气"的变化也有差异。改革开放之初，Y 村的村民关系还较为紧密，村庄舆论还颇为有力，伦理规范力量还能够对"气"起到平衡作用；因而 20 世纪 80 年代初期 Y 村老人的"出气"行动，可以获得村庄力量的支持。然而，随着农村劳动力日渐流动到城市之后，整个 Y 村村民的生活面向发生巨大转变。与陈柏峰得出的"多出气"现象不同，Y 村村民之间的关系日渐疏离，村民之间的矛盾以及代际冲突都日渐降低。"气"不是增多，相反，"气"大量减少；即使有"气"，也只是通过极其微弱和私密的方式进行。这是 Y 村与陈柏峰研究村庄的不同之处。

第三节　家庭结构变迁与老人行动逻辑转变

一　家庭规模与老人行动

调查显示，由于计划生育政策的实施，农村家庭人口数量呈现逐渐减少的趋势。改革开放初期的家庭中，多子家庭占多数，三四个儿子的家庭占多数。而计划生育政策实施以后，多子家庭数量迅速降低，就目前老人

---

① 杨华等：《村庄中"气"的救济机制》，《中共宁波市委党校学报》2008 年第 6 期。
② 同上。
③ 陈柏峰：《"气"与村庄生活的互动——皖北李圩村调查》，《开放时代》2007 年第 6 期。

的家庭中，已成年的儿子数量多为一个或者两个。① 整体来看，改革开放以来，Y 村家庭人口规模呈现逐渐缩小的趋势，这与全国的整体趋势基本吻合。那么，家庭人口规模的变动与家庭代际关系有着怎样关联呢？以下进行详细分析。

第一，家庭收入日渐增加，老人对子辈的依赖程度降低，进而代际冲突程度与老人在冲突中的行动强度降低。调查显示，改革开放初期，老人的家庭一般有三四个儿子，甚至更多儿子。② 而当前，大多数 60 岁左右或者 50 多岁的老人，一般仅有一个到两个儿子。当家庭人口数量减少之后，父辈可以腾出更多的时间增加经济收入，特别是外出务工机会的增多，使父辈可以投入较多的时间务工，以增加经济收入，到年老时有一定的经济剩余。这样一来，老人便降低了对儿子单方面的依赖，从而减少因为经济因素所引发的冲突次数，以及降低老人在冲突中的行动强烈度。

第二，父辈对子辈抚养投入趋向增加，增进了代际交往程度，增强了代际理解程度，进而降低了代际冲突程度，以及老人在冲突行动中的强烈度。我们已经指出，改革开放初期老人的子女数量，尤其是儿子数量明显多于当前，多子女意味着父辈在抚养过程中投入的精力是分散的，而较少子女则意味着老人的投入是集中的。调查得知，过去多子家庭中的父辈不太注重与子女之间的情感沟通；与之相反，当前的一些老人则较为注重与子女的沟通。较多的沟通有利于增进理解，降低因误解而引起的冲突。

第三，父辈对女儿抚养投入增加，促进女儿赡养机制的出现，降低对儿子单方面的依赖，进而降低代际冲突的强度以及老人在冲突中的行动强烈度。随着子女数量的减少，以及男女平等思想日渐被父辈接受，家长对女儿的投入也逐渐增加。过去很多家庭的重男轻女思想非常严重，无论在生活方面还是在教育方面，一般父辈会将主要精力用于儿子身上。随着父辈对于女儿的投入日渐增多，很多女儿也能够获得与儿子同样的地位。父辈也会竭尽全力地供应女儿读书，在 Y 村我们发现当前的大学生中，已

---

① 这里主要指的是儿子，女儿数量也有变化，但对于农村社会生活来讲，儿子的重要性要更高。因此，村民更多的是在乎儿子的数量，而不是女儿的数量，因为女儿是要出嫁到他人家的，并且不承担赡养义务。当然，女儿在 20 世纪 90 年代的 Y 村生活中，也逐渐开始了一定程度的赡养。

② 笔者在此处的意思是，老人拥有多个儿子，当然，都已经成家，并且与老人分家。而并不是说，由多子家庭组成的大家庭。

经有相当一部分是女性。

从社会交换论的角度看,当父辈在抚养过程中对女儿投入增多,那么,则意味着女儿日后的回报也会相应增多。① 女儿回报的出现,促成家庭赡养机制的转变。这样一来,就降低了老人对于儿子经济上的单方面依赖,从而降低了老人与儿子、儿媳妇之间,因经济因素而引发的冲突频率,也降低了老人在代际冲突中的行动强烈度。

二 家庭关系结构与老人行动

(一) 物理距离拉大与冲突弱化

物理距离就是居住空间上的格局,改革开放初期,代际双方共同生活在村庄之内。对于不分家的家庭来说,代际双方共同居住在同一屋檐下。分家之后,有些家庭仅仅与儿子分开房屋,但仍然共同居住在同一庭院内;有些家庭则让儿子居住在另外新盖的庭院内,但代际双方仍然共同居住在同一村庄之内。分家之后,无论是否居住同一庭院之内,但是分家并没有切断家庭代际互动。事实证明,代际互动还较为频繁。空间距离对于代际关系会产生重要的影响。20 世纪 90 年代中期以来,Y 村中代际逐渐形成城乡分居模式。这种物理空间距离的拉大,大大减少了家庭代际接触的次数,同时,也影响了代际的关系,进而影响到代际冲突中老人的行动方式。

> 你看,80 年代初,那时候,村里人没有出去打工的。分家了,子辈的孩子、场子还不得老人照应着,儿子住得也不远,天天见面,事情也多,当然,矛盾也多,要是看不惯他了,就对他发火,都在一个村里嘛,事情是分不开的。现在不行了,人家常年都在外头,过年回来了,冲突有嘛,也有,不过不好发大脾气,一发脾气,人家就说要走了,怎么办呢? 也就只能忍着,有时候,只能换一种方式了。(刘胜利)

在刘胜利看来,子辈居住方式的变化,影响了老人行动方式。共同居住的时期,家庭代际有着很多的联系,而较多的接触则会导致较多的冲

---

① 过去女儿嫁出去以后,不承担赡养义务,除文化上的伦理传统之外。那时,父辈对于女儿的投入有限,而且,在女儿出嫁时,父辈还要索要彩礼钱。因此,从交换论的视角来看,女儿不进行赡养是有一定根据的。

突。正是因为这种长时间的互动关系，使老人在面对冲突时，不可能仅仅使用微弱的行动方式，因为微弱的行动策略难以收到效果。因此，在共同居住的时期，老人们即使已经较为弱势了，但他们觉得长期住在一个村庄，警醒子辈是应该的。

> 在孩子们出去打工之前，你看，大家都住在一个村子里，低头不见抬头见，我讲，看到孩子们不对了，你就得讲，你不讲，不行呀，有时候，讲得轻了，还不行，就得骂他两句，我脾气不好，在街上还骂过。都在一个村里，儿子有问题了，你不讲，人家看到了都会说，你看，他家儿子连上人都不管。（王光美）

也就是说，共同居住在一个村庄，尽管老人失去对子辈的绝对管束权，而且还会受到子辈的不良待遇，但是，迫于受到村庄的舆论压力，老人必须在代际冲突中使用一些较为明显的行动方式，否则将会感到没有面子。正如王光美所说："我老了，不中用了，可是你说，孩子不像话了，你能不讲吗？要不人家会看笑话的。现在孩子们出去打工了，就是他对你不好，别人也看不到，也不用考虑别人的看法了。你能在电话里打儿子吗？我不行了，还能怎么样呢？"

从以上两位老人回答中可以看出我们的居住方式对老人的行动方式产生了很大影响。在代际双方共同居住时期之内，老人的行动会考虑到村庄舆论和他人的看法，微弱、私密的行动方式不足以显示他们的存在；而在分开居住的时期之内，老人显然已经无须过多考虑他人的看法，所以，他们就可以使用一些微弱、私密的行动方式。需要注意的是，无论是共同居住还是分开居住，代际由于存在血缘关系、伦理关系、义务关系，代际的联系是必不可少的。同时，代际的冲突也是一种常态，老人亦不可能放弃自己在冲突中的行动。但当村庄环境、代际距离变动后，他们必须变换行动方式，即由使用公开、强烈的行动方式，转向微弱、私密的行动方式。

（二）关系叠加程度降低与冲突弱化

所谓关系叠加程度主要指两个方面：第一，指家庭代际同时发生的关系状况，例如，经济交换关系、生产互助关系、生活互助关系、赡养关系、隔代抚养关系等。第二，指家庭代际交往情况，例如，交往频率、交往时间、交往方式、交往亲密度等。多种关系、多种交往同时存在则是关系叠加程度高；反之，则是关系叠加程度低。改革开放以来，随着子辈逐渐到城市长期务工生活后，家庭代际日渐形成城乡二元分割的居住格局。家庭代际关系叠加程度的两个方面都发生了变动，第一，当前代际的关系越发简单，多为赡养关系和隔代抚养关系。第二，交往频率大大降低，交往时间大大减少，交往密度降低。冲突论认为，冲突是在交往中产生的。科塞指出，关系越紧密，冲突越强烈。互动关系越简单，交往程度降低之后，家庭代际冲突次数相应减少、冲突强烈度相应降低，即使发生冲突，老人的行动强烈度、公开度亦相应降低。为能够明显地说明关系叠加程度与代际冲突的关系，我们现以婚姻现象为例进行分析。

长期以来，农村社会是一个流动性很小的社会，因此，婚姻也多是在当地选择。调查显示，改革开放初期，Y 村的姻缘关系与地缘关系有着高度重叠性，多数婚姻选择本村或者附近村庄的人。原因是，低度的社会流动性限制了村民的婚姻选择。当然，村民们认为，这种婚姻选择也有很多好处，第一，有利于生产互助、生活互助。第二，有利于保护女方不受欺负。正因为地缘上的便利性，所以，改革开放初期的家庭代际冲突中，经常会将双方大家庭一并卷入进来，导致老人在冲突的行动强烈度提高。

随着务工现象的增多，农村社会流动增强，伴之以来的是婚姻选择的多样性。一些在外务工的青年开始逐渐将眼光投放到更大的婚姻市场中，从 Y 村调查来看，当前的一些已经成家的青年子辈，其中就有选择外地女孩结婚。有些是选择外乡，有些是选择外县，甚至有些选择外市、外省的婚姻。这种婚姻选择的远距离化，会给家庭代际关系造成怎样的影响呢？我们认为，会导致两方面后果：一方面，会加剧家庭之间的冲突；另一方面，会降低家庭之间的冲突。调查显示，降低代际冲突的一面是主要的。一方面，远距离的婚姻选择可能加剧家庭代际的冲突。因为"外来"儿媳妇与父辈之间可能存在一定程度上的文化冲突，具体表现在他们生活方式、处事方式、价值观等方面的差异，因此在家庭代际交往中，会因为上述差异而产生矛盾。但由于代际长期分居，因此，由文化差异造成的实际冲突情况非常少见。另一方面，由于媳妇娘家不在本地，一旦发生冲突后，其娘家人很难卷入，因而降低了冲突的强度。正如很多老人所言："矛盾的复杂，都是因为娘家人来帮忙，帮的结果是越帮越忙。"简言之，婚姻选择的远距离化，导致家庭代际关系中卷入的人数减少，从而降低冲突的强度以及老人的行动强度。

本章小结

　　本章从社会结构变迁的角度探究了老人在家庭代际冲突中行动方式变迁的深层原因。文中从三个方面展开论述：第一，宏观结构变迁与代际关系转变。分田到户的制度性变革导致父辈土地资源控制权丧失，父辈家庭权威日渐衰落，家庭代际关系逆转。惠农政策的实施增加了老人的农业收入，在一定程度上减少了代际因为经济因素而引发的冲突，代际关系得到缓和。城乡二元结构松动之后，越来越多的子辈到城市务工，子辈赡养金额相应增加，而且部分老人也开始不定时地进城务工，老人经济收入提高，代际关系得以缓和。同时，子辈外出务工促使代际距离的拉大，代际冲突的频率和强度大大降低。第二，村庄结构变迁与老人支持体系。随着村民外出务工的不断加剧，村庄逐渐不再是他们生产、生活的重心，村民关系逐渐松弛。同时，伴随着村庄人际关系的松动，村庄舆论也日渐失去原有的力量。在老人与子辈发生冲突时，老人可以动用的社会网络资源越来越少，老人在代际冲突中采取行动的支持体系式微。第三，家庭结构变迁与老人行动逻辑转变。随着计划生育政策的实施，农村家庭规模相应降低，家庭关系越发简单。研究显示，家庭关系的复杂程度与代际冲突有着一定的关系，也与老人的行动方式有关系。家庭关系越简单，代际冲突事件越少，老人的行动方式越趋向温和与私密。

第七章　结论与讨论

上述章节分析了改革开放以来老人在家庭代际冲突中的种种行动特征、行动策略、价值诉求等，并从社会结构变迁的层面讨论了老人在代际冲突中行动方式变迁的动因。本章将通过整理上述章节的分析，提炼出本书的结论，并对相关理论和现实问题展开讨论。

第一节　结　论

通过对上述章节的讨论得出如下结论：第一，经济状况改善对老人行动强烈度降低有重要影响；第二，支持体系式微对老人行动趋向私密有重要影响；第三，交换逻辑的变动改变了老人的代际期待；第四，关系叠加程度的弱化降低了冲突发生的频率和强度；第五，社会结构变迁加剧了代际关系的逆转，进而影响到老人在代际冲突中的行动方式选择。以下进行具体分析。

一　经济因素与老人行动的强烈性

Y 村农民在改革开放的 30 多年中，其经济收入得到较大[1]提高，老人生活状况也得到较大改善。尽管相比其他群体而言，Y 村老人的生活状况依然不容乐观。但是，若进行历时性比较的话，老人的生活状况的确得到了很大提高，这种结论不仅仅是笔者凭着以上原因而做出的主观判断，而且是村中老人自己的表达。在 Y 村，笔者看到，相比城市老人或者说一些较富裕农村的老人，Y 村老人的生活状况并不富裕，但据笔者所采访的 38 位老人所言，他们一致认为当前的生活状况已经发生翻天覆地的变

---

① 笔者所讲的经济较大提高，是相对意义上的提高，即相对过去极度贫困的生活，后来有了较大的提高，是老人进行自我历时性比较得出的结论，当然，如果与城市老人或者其他富裕地区老人相比，那也不能算上是富裕。但这种自我相对提高，却使老人的生活满意度得到提高。

化。我们如何来理解老人的回答呢？第一，不排除老人面对笔者的采访所进行"表态文化"① 性表达，但笔者认为，不可能所有的老人都进行"表态文化"性表达，老人所言应该是真实的想法。第二，当地老人原有生活极度贫困，因而当经济发展改善了生活状况之后，他们的满足程度得到迅速提高。

改革开放以来，随着 Y 村村民经济收入状况的改善，Y 村老人在家庭代际冲突中的行动强度趋向弱化。上述章节通过案例、描述了老人的行动方式，其中老人讲得最多的一句话就是："家庭矛盾不都是因为钱吗？"事实的确如此。改革开放初期的 Y 村经济情况的确非常差，家庭生活面临诸多困难；因此家庭代际双方对那仅有的一点经济收入展开了激烈的争夺。调查得知，老人当时行动的动机非常简单，他们的需求也非常低，即能够维持基本的生存需要。但是，在子辈的经济收入也非常有限的情况下，代际便会为生活资料的占有展开争夺，因而导致激烈冲突的发生。当老人面对生存问题与子辈发生冲突时，可想而知其行动强度必定是很高的。随着子辈外出务工增加经济收入之后，尤其是在 20 世纪 90 年代，村中绝大部分子辈出去务工之后，赡养老人的经济冲突程度大大降低。当前，Y 村老人基本上都能得到子辈的实物赡养和货币赡养，一些经济上较为成功的子辈，对老人的赡养情况更好。例如，少数老人告诉笔者，他儿子为他翻盖了房屋，每年都能固定给予几千元的赡养金。而且，随着城市务工机会的增多，Y 村一些身体健康的老人也会不定时地外出务工，这也增加了自身的收入，降低了代际交换的冲突程度。另外，女儿赡养的出现亦增加了老人的收入，降低了老人对儿子的依赖。从贫困生活中过来的老人，当经济状况得到改善之后，较为容易得到满足，因此家庭代际冲突强度降低，同时老人在代际冲突中的行动强烈度亦降低。

二 支持体系变动与老人行动的公开性

本书认为，老人的社会关系网络、村庄舆论以及孝道规范等，都是老人在村庄社会生活的重要支持体系。这些支持体系能够对老人起到保护的作用，即在老人与子辈的互动过程中，这些外在的支持体系能够给予老人以支持，起到声援老人的效果。尤其是当老人受到子辈的不公正待遇时，

---

① 所谓"表态文化"，即被采访老人由于惧怕将其真实观点公之于众，以至于对他们不利，因而故意做出正面、乐观、好的回答。

这些支持体系就会以有声抑或无声的方式发挥作用，是老人行动的"护身符"。因而一旦他们在家庭代际冲突中感受到不公正之后，他们便敢于将这种冲突诉诸公开，寻求外在社会支持体系的声援。

改革开放初期的农村，相比传统农村社会已经发生了变化；但由于当时的农村社会依然以农业生产为主，村庄依然是流动性很低的社会，因而村庄社会仍然可以保存一定程度的传统力量，人际关系也趋向于密切，社会舆论仍然强大，村庄还是一种高度熟悉的熟人社会。村庄虽然不能称为完整意义上的共同体，但起码也可以称为类似共同体社会，或者说准共同体社会。在这样的农村社会结构中，个人事件经常可以转化为公共事件，即老人个人感受到的不公平经常可以转化为村民共同谈论的事务。

情况并非总是如此，随着外出务工现象的出现，曾经是熟人社会的村庄发生了变化。Y村人际关系开始疏离、村庄舆论开始弱化、规范力量开始式微。村民开始不再过多地关心他人事务。事实上，在上一历史阶段中已经开始酝酿着这种趋势，只不过由于当时社会条件不成熟，村民们难以将这种行动付诸现实。而一旦社会条件成熟，人心向背、行动逻辑便迅速发生变化。在村民们看到了外出务工的经济利益之后，他们渐渐淡出了村庄之内的生活，增强了对外在世界的向往。村民对村庄的向心力减弱，离心力增强，随之村庄舆论也逐渐开始微弱。原因就是，人们在村庄互动的频率降低，因为村庄舆论需要人们在村庄中长期、反复的互动才能形成、保存，而一旦村民将行动投入到城市中之后，村庄舆论则必然日渐式微。另外，受到整个经济浪潮和现代文化的冲击，传统孝道规范同时丧失原强有力量。支持老人的孝道规范价值体系也逐渐式微。我们在上述章节中分析到，村庄的孝道规范经历了从顺从型规范向经济型规范的转变；这种转变背后反映的是孝道规范力量的式微和老人家庭权威的动摇。也就是说，老人不再能够控制、支配子辈的行动，而仅仅趋向于获取子辈的经济回报。

在此过程中不难想象，一旦老人再度遇到家庭代际冲突之时，其他村民的关心程度必然会趋向降低。也正是这种支持体系的弱化，使老人不得不将家庭冲突掩盖，他们不敢将冲突诉诸公开，因为这些支持体系已经不再能够发挥原有的作用。坦率地说，老人的这种将行动私密化的策略，也是一种无奈的理性选择。概言之，随着子辈外出务工人员的不断增多，老人的支持体系力量逐渐弱化，这种弱化使得老人即使遇到家庭冲突，也难以获得村庄社会支持体系的援助。正是源于此，老人才逐渐将行动诉诸私密。

三 交换逻辑的变动与老人代际期待

费孝通指出，中国社会中的家庭代际关系是一种反馈关系，即父辈养育子辈，子辈赡养父辈。事实上，从交换论的角度看，这种反馈关系也是一种交换关系，只不过这是一种长时交换关系。也就是说，父辈通过对子辈长达数十年的抚养，来交换子辈日后对自身晚年的赡养。虽然在中国社会这种交换关系受到了社会伦理规范的制约和国家的有力保护，人们一般不会从交换的角度来认识代际关系，但仍然不影响我们将其从交换的角度进行理解，只不过家庭代际交换关系是一种颇为复杂的过程。反馈关系由于受到中国传统伦理规范的有力制约，因此抚养与赡养都是双方的强义务，我们可以将这种交换关系称为"伦理型交换关系"。在这种交换关系中，赡养老人是儿子义不容辞的义务，不仅伦理上强调，而且制度上也进行着约束。有着这种伦理和制度的保障，当老人得不到赡养时，必然会有所行动。

在改革开放以来，中国的社会结构发生了变迁；与此同时，伦理型交换关系也受到了强烈的冲击。具体到笔者所调查的村庄，伦理型交换关系有日渐松弛趋势。在改革开放初期，许多持有强烈传统观念的老人仍然坚定地认为，赡养是必须义务；因此，当子辈不能良好赡养时，他们便会直接进行抵抗。当然，这跟当时的经济条件非常有限也有直接的关系。但是，随着农村社会结构的转变，伦理型反馈关系逐渐受到动摇。老人意识到这种转变后，逐渐降低了对子辈的期待。这促成了新型家庭代际关系的形成，即父辈有限付出，子辈有限回报。这是一种不同于伦理型交换逻辑的短时理性交换。这种短时理性交换关系，指的是在子辈成家开始自己独立的小家庭生活后，代际交换更多关注的是双方当下交换的情况。

当理性交换逻辑大行其道之后，老人不能再将整个余生完全托付给子辈时，即使子辈养老不甚理想，老人也不会再做出激烈的行动。反而，理性的老人们开始逐渐将目光转向如何改善与子辈的关系，而不是如何制造冲突。从已有的文献中我们也可以看到，老人开始逐渐从互惠的角度去处理代际的关系，甚至有些老人开始想方设法讨好子辈，以便能够获得子辈赡养。当然，按照冲突论的观点，冲突是始终存在的，老人在代际冲突中的行动亦是始终存在的。但不可否认的是，老人对子辈的代际期待降低，老人行动方式也开始逐渐弱化、私密化。而这是在强赡养伦理出现动摇，理性交换逻辑彰显之后，老人不得已的行动策略选择。

四　关系叠加程度与代际冲突

关系叠加程度包括两个方面：第一，指在以血缘关系、姻缘关系结成的家庭代际关系中，后天发展出来的经济交换关系、生产互助关系、生活互助关系、隔代抚养关系以及赡养关系等同时存在的情况；第二，指家庭代际双方的交往频率、交往程度、交换程度、关系密度等方面。多种关系、多种交往同时存在就是关系叠加程度高；反之，则是关系叠加程度低。改革开放以来，家庭代际从居住、生产、生活等方面呈现出日渐分离的过程，也就是关系叠加程度降低的过程。而且，关系叠加程度的变化影响到了家庭代际冲突的频率以及老人行动强度的变化。

20世纪70年代末80年代初，家庭代际双方共同居住在同一村庄之内，从事同样的生产和生活。一般来说，家庭代际双方同时存在生产互助、生活互助、隔代抚养、经济往来以及赡养等多种关系。而且由于居住的便利性，家庭代际日常互动相当频繁。科塞认为，关系越紧密，冲突越强烈。在这种"关系负担"过重的互动中，极容易因交换不对等或者双方感觉交换失衡而引发冲突。而且，冲突本身还经常容易叠加，即新冲突中包含着旧冲突，新冲突的解决过程中牵涉出旧冲突，而旧的冲突又会引发新的冲突。正如老人所言："农村家务事麻烦，有两种情况，一个叫'翻旧账'，另一个叫'没事'找事。"所谓"翻旧账"，指在新的冲突中会重提旧有冲突；所谓"没事"找事，指旧有的冲突引发了新的冲突，老人的"没事"并非真的没有事情，而是指当前没事，实际上旧有冲突也不会即刻消失，仍在积聚之中。冲突论认为，积聚冲突可能会造成更大冲突的爆发。从Y村家庭代际关系调查发现，情况的确如此。改革开放初期，一方面冲突频率较高；另一方面由于冲突的积聚，又会经常引发激烈冲突的发生。而在激烈冲突中，老人的行动方式不可能是柔和的，即使是面向自我的暴力手段，也是激烈的。第三章中已经分析到，这一时期内，Y村有两位老人相继自杀，还有个别老人自杀未遂。总而言之，这一时期内的家庭代际冲突尤为激烈，这与关系叠加程度很高有着一定的关系。

随着子辈的外出务工，代际关系叠加程度开始降低，同时代际冲突频率降低，老人行动强度趋向弱化。如果说20世纪80年代后期以及90年代初期这种变化还只是一种过渡的话，那么，这种情况在当前 Y 村是异常明显的。在数次调查和采访中，很少能够在 Y 村看到青年人，而村庄人员多为老人和儿童，代际关系中的一方行动者长期缺场。当前的家庭代际关系也更多表现在赡养关系和隔代抚养关系方面。随着青年子辈逐渐流动到城市之后，家庭代际关系叠加程度日渐降低，继而代际双方冲突的次数和强度降低。与此同时，老人在冲突中的行动强度和公开度也随之降低。

五 社会结构变迁与老人冲突行动

第一，农业联产承包责任制与老人冲突行动。20 世纪 80 年代初期 Y 村实行农业联产承包责任制，这一制度变革提高了农业产量，改善了村民生活，同时，也改变了家庭代际关系。人民公社时期，村民的社会生活被集体所覆盖，代际冲突被大集体生活所遮蔽。然而，联产承包责任制实施以来，家庭重新恢复了生产功能，同时日常生活在家庭内部展开。而在此过程中，秉持传统家庭权威观念的老人，便与分家之后要求独立的子辈之间展开了关于权力的争夺。调查显示，联产责任制实施初期的代际为争夺家庭权力的冲突还较为激烈。正是基于老人对于传统家庭权力的留恋，他们会在冲突中使用较为强烈、公开的行动方式。权力的博弈是一个逐渐发生的过程，改革开放以来，老人对家庭权力的争夺过程呈现出由夺权趋向让权以及放权的过程；与之相伴的是，他们在冲突中的行动方式亦趋向弱化和私密化的过程。

第二，惠农政策与老人冲突行动。改革开放初期，由于 Y 村农业收入非常有限，老人对于子辈的经济依赖颇为明显，加之，子辈经济收入的有限，代际经济冲突非常突出。随着农业税费的减免，农民负担大大减轻，农业收入获得提高。调查显示，具有劳动能力的低龄老人依靠农业收入基本上可以维持生活温饱问题。老人农业收入的提高降低了对子辈经济上的依赖，进而缓解了代际冲突，改善了代际关系。即使发生冲突，老人的行动方式也较为温和与私密。

第三，城乡二元结构松动与老人冲突行动。随着子辈大规模地进城务工，代际逐渐形成二元分割的生活模式，就 Y 村来看，这对家庭代际关系形成两种影响。一方面，子辈务工经济收入的不断提高，使他们对于老人的赡养金额相应增加，以至于缓解了代际紧张关系；另一方面，子辈价值观念、生产方式、生活方式的转变，导致老人丧失对子辈生产、生活的指导权力，进而导致老人家庭权威的迅速降低。在此过程中，老人经历过与子辈权力的博弈，但事实证明，老人难以在博弈中获得胜利。因此，他们开始逐渐放弃对家庭权力的争夺，进而降低了冲突中的行动强度和公开度。

第四，村庄结构变迁与老人冲突行动。就 Y 村村庄结构来看主要发生两方面变动：首先，村民关系的松弛。随着村民外出务工的不断加剧，村庄逐渐不再是他们生产、生活的重心；与此相对应，他们对于村庄之内的人际关系维持不再过多投入。因此，在老人与子辈发生冲突时，老人可以动用的社会网络资源越来越少，致使老人必须将家庭冲突诉诸私密。其次，村庄舆论的式微。伴随村庄人际关系的松动，村庄舆论日渐失去原有的力量。在村民逐渐不再聚集聊天、共同吃饭的时候，村庄公共空间极度萎缩。我们知道，村庄舆论是在公共空间之内不断被建构和加强的，而一旦村庄公共空间萎缩之后，村庄舆论相应式微。在村庄舆论式微之后，老人即使在冲突中受到不良待遇，其也难以获得村庄舆论的支持，迫使老人将行动诉诸私密。

第五，家庭关系结构转变与老人冲突行动。随着计划生育政策的实施，农村家庭规模相应降低，由多子家庭逐渐转变为当前的独子家庭，家庭趋向少子化。家庭规模的变动使得家庭关系变得越发简单。调查显示，家庭关系的复杂程度与代际冲突有着一定的关系，也与老人的行动方式有着关系。家庭关系越简单，代际冲突数量越少，老人的行动方式越趋向温和与私密。

第二节　讨　论

一　相关理论探讨

尽管本书仅围绕老人在代际冲突中的行动方式展开探讨，是一项有关社会行动的研究，但本书是将老人的行动方式放置在家庭代际关系、代际冲突之中进行透视的。因此，老人的行动方式也可以反映代际关系的情况。既有关于代际关系的理论，也有反馈论、交换论、生产方式论、血亲价值论等理论模式。通过本书发现，就当前农村社会来看，尽管反馈关系依然是家庭代际关系的主要模式，但在经历了 30 多年的农村现代化过程之后，以反馈模式为基础的代际关系，逐渐掺杂了越来越多理性交换的成分。反馈关系受到一定程度冲击，交换的行动逻辑日渐被年青一代所秉持，而且老人在此过程中也逐渐被迫接受交换的行动逻辑。尽管血亲关系是不可撼动的天然因素，但在子辈日益强大的经济理性行动逻辑下，血缘纽带力量有受到削弱的趋势。子辈向往城市社会的动机增强，适应城市社会的能力提高。城市社会的吸引力日渐越过家庭温暖，"家本位"逐渐转向"个人本位"，这些都加剧了农村代际关系的分离和疏远。简言之，血亲价值论和反馈论越发受到挑战，而交换逻辑和个人逻辑越发趋向增强。从某种意义上，这也是老人做出行动的深层动因。

无论从关于代际交换、代际平衡文献看，还是从关于农村老人家庭权威、生活状况、养老研究讲，我们都可以看出农村家庭代际关系的特征，即代际期待降低、老人家庭权力弱化。需要指出的是，笔者通过对农村代际冲突中老人行动方式的研究，同样可以管窥到代际关系的特点。换言之，社会行动亦可以成为透视代际关系的视角。一方面，我们可以从老人在冲突中行动方式的变化透视家庭代际权力关系的变化；另一方面，我们也可从老人在冲突中行动方式的变化管窥其背后代际期待发生的变化。

老人行动方式与代际权力关系。在传统社会中，老人拥有家庭权威，代际权力关系颇为稳定。在经历了近代对家长制的冲击之后，老人家庭权威受到强烈动摇。改革开放之后，农村代际权力关系出现了颇为复杂的状况。尽管家长制已经变化，但在不流动的农村社会生活中，老人对家庭权力依然有着较高留恋，因此，代际由于权力的争夺，仍然会导致较大程度的冲突，而且，老人在冲突中亦有较为强烈和公开的行动方式。随着子辈流动到城市务工之后，代际的生产方式、生活模式产生巨大差异，父辈越来越难以通过自身经验来指导、约束子辈的生活，随之，代际权力关系发生逆转；与此同时，老人在代际冲突中的行动方式日渐弱化与私密化。当前"平静"的代际关系格局更能说明此问题，正如村中老人所言："下辈子都进城打工了，他们的事情我们也管不了了，他们想怎么干就怎么干，你不管他，不就没事了吗？"无疑，老人对代际权力的退出，使因权力争夺而引发的代际冲突大大降低，即使发生代际冲突，老人的行动方式亦非常微弱。

老人行动方式与代际期待。老人的代际期待，是指老人通过对子辈抚养，试图获得子辈回报的期望程度。研究发现，老人在代际冲突中行动方式的强烈程度、公开程度与代际期待有很大关系。改革开放初期，Y村发生的两位老人自杀的案例，都与他们的高代际期待有着一定的关系。两位老人通过自杀的方式来"赌气"，试图引起村庄舆论的重视以及对子辈的强烈谴责。这一时期内其他较为强烈的行动方式亦不同程度上与高代际期待有关。在经历了30多年的变化发展之后，老人们的思想渐渐发生转变，他们逐渐降低了对子辈的期待程度。也正是因为老人代际期待程度的降低，使他们与子辈之间的冲突频率降低、程度弱化，即使发生代际冲突，老人也不愿意诉诸激烈、公开的行动方式。正如当前村中老人所言："现在，下辈我们是靠不住了，人家孝敬你，你就接着，不孝敬你，你也没办法，你闹也没有用，所以，我们就是感觉不高兴了，也不会与下辈闹矛盾的。"从老人所言我们不难看出，老人行动方式的弱化与代际期待的降低有着很大的关系。

二 现实问题讨论

随着惠农政策的实施、务工收入的增加、赡养金额的提高、女儿赡养的出现，Y村老人大多都能自给自足；若进行历时性比较的话，他们的生活满意度还比较高。子辈进城外出务工的缺场，导致家庭代际的冲突频率、程度，大大降低和缓解。当然并不是说冲突已经消失，而是说冲突次数减少、强烈度降低。然而，伴随这种冲突缓和的背后，却又引发出新的问题：在看似平静的家庭关系背后，却又反映出老人精神生活的贫瘠。需要指出的是，当前这种问题已经非常严重，且有愈演愈烈的趋势；原因就是，在大力发展城市经济的过程中，村民加剧向城市的单方面流动。即使出现短时期的民工潮返乡，也仅是短时的归乡调整，等待更好的机会外出。因此，孤苦老人的精神生活就成为亟待关注的现实问题。

本书指出，老人当前的满意度较高，而且他们支持子女外出务工。但是，他们凄凉的精神生活，似乎在逻辑上存在矛盾。实际上，如果我们想要认识老人的这种心理，则必须回到他们的生活世界中去解读。他们对生活满意，是他们进行了生活的自身纵向比较，原因是，Y村原来的生活极为艰苦；他们支持子女外出务工，是因为他们为子女前途着想，而非仅仅为自身的晚年生活着想，这反映了代际关系向下倾斜的事实，即父母更多地为子女付出。当子辈外出务工之后，尽管老人的日常生活得到改善，然而，却要面临贫瘠的精神生活的困扰。这就是Y村老人看似矛盾的行动逻辑背后的真正原因。

综上所述，在新农村建设过程中，不能仅仅关注硬件建设，还要关注如何改善老人们日益贫瘠的精神生活。因为，精神生活的丰富对人具有更深的意义，实现物质文明与精神文明共同提升才是新农村建设的最终目标。

三　研究贡献与不足之处

（一）研究贡献

通过本书发现，本书可能存在两方面的贡献：

第一，研究主题。既有关于农村老人的研究文献，可谓汗牛充栋。有关于农村老人生活状况的研究，有关于自杀的研究、生活满意度的研究、家庭代际关系以及代际冲突的研究等，这些研究已经取得了很大成就。但就家庭代际冲突研究中，既有文献存在一个不足之处，即老人在代际冲突中的行动，被学者们忽视了。在整个家庭代际关系中，我们听不到老人的声音，这不得不说是已有研究的一个缺憾。基于已有的文献背景，笔者认为对老人的行动进行深入的分析，是了解他们生活世界的必要途径。因此，笔者认为，此项研究在主题选择上是对以往研究的一个延伸。

第二，分析视角。就代际关系研究而言，既有文献从反馈论、交换论、生产方式论、血亲价值论、需求论、依赖论等视角，进行了详尽的分析。也有学者从分家、婚礼、社会网络等具体事件中，进行了深入探讨。还有学者从互惠、冲突的角度进行讨论。本书虽也在代际冲突的视角下进行分析，但笔者重点分析的是老人在冲突中的行动方式变迁。我们通过分析老人不同的行动方式，也能更为直观、生动地透视代际关系的转变。应该说，从老人的行动方式来研究代际关系，也是对既有代际关系分析视角的一种丰富。

（二）不足之处

笔者在研究中受到自身学术能力、采访条件的限制，使本书仍有很多不足之处。具体而言，主要存在以下不足：

第一，资料的详尽性欠缺。尽管笔者通过多次针对同一问题询问，进行多人佐证，通过被采访对象讲述他人的家庭事件等多种方式，来获得尽可能详细的材料。但不可否认的是，受到本书主题的限制，笔者无法得到非常令人满意的资料。原因是，对于村民来说，并不情愿讲述家庭代际的冲突情况。即使通过种种努力，获得了大量的一手资料，但到具体分析问题时，仍感到其不够详尽。

第二，行动方式的分类不够精确。正是基于一手资料的不够详尽，加之农村冲突形式多种多样，因而，笔者只能将最为常见的冲突形式，以及老人的行动方式大体呈现出来。虽然这种分类具有一定的说服力，但仍感到不够精确。

第三，影响行动方式的因素分析不够全面。农村代际冲突现象十分庞杂，加之时间跨度长，因而历史时期内的一些细节在访谈时可能有所遗漏，以至于对行动方式影响因素的分析可能不够全面。

附　录

被采访对象基本情况

编号	姓名	性别	年龄	文化程度	政治面貌	曾任职务	现任职务	采访次数
1	王德胜	男	85岁	私塾四年	党员	村主任	无	5次
2	张大勇	男	83岁	文盲	群众	无	无	2次
3	刘胜利	男	84岁	私塾一年	群众	无	无	3次
4	夏丽珍	女	84岁	私塾二年	党员	妇女主任	无	5次
5	陈秀丽	女	82岁	文盲	群众	无	无	4次
6	张丽梅	女	83岁	文盲	群众	无	无	2次
7	王光美	女	85岁	文盲	群众	无	无	3次
8	刘翠梅	女	84岁	文盲	群众	无	无	3次
9	刘天云	男	77岁	私塾两年	党员	村主任	无	4次
10	赵海洋	男	78岁	文盲	群众	无	无	3次
11	李运来	男	74岁	私塾一年	群众	民兵排长	无	2次
12	张世来	男	74岁	文盲	群众	无	无	4次
13	王世奇	女	73岁	文盲	群众	无	无	3次
14	赵秀翠	女	73岁	私塾一年	党员	妇女主任	无	4次
15	刘美丽	女	75岁	文盲	群众	无	无	2次
16	张翠娥	女	77岁	文盲	群众	无	无	3次
17	赵美丽	女	72岁	文盲	群众	妇女组长	无	4次
18	李翠珍	女	71岁	小学一年	群众	无	无	3次
19	王胜天	男	68岁	小学二年	群众	生产队长	无	3次
20	李兆庆	男	67岁	文盲	群众	无	无	2次
21	陈坤生	男	65岁	小学五年	党员	村主任	无	3次

续表

编号	姓名	性别	年龄	文化程度	政治面貌	曾任职务	现任职务	采访次数
22	刘大勇	男	60 岁	小学三年	群众	无	无	4 次
23	刘定云	男	62 岁	小学五年	群众	民兵排长	无	4 次
24	夏翠娥	女	64 岁	小学一年	群众	无	无	4 次
25	陈美翠	女	61 岁	小学二年	群众	无	无	3 次
26	赵丽娥	女	60 岁	文盲	群众	无	无	2 次
27	陈浩秀	女	60 岁	小学二年	群众	无	无	3 次
28	刘大梅	女	62 岁	小学一年	群众	无	无	4 次
29	张德生	男	57 岁	小学五年	党员	无	村主任	6 次
30	赵国庆	男	58 岁	小学三年	群众	无	无	3 次
31	刘建立	男	57 岁	小学五年	群众	无	村医	4 次
32	李胜利	男	55 岁	小学四年	群众	无	无	3 次
33	陈丽珍	女	57 岁	小学二年	群众	无	无	3 次
34	陈宝丽	女	58 岁	小学一年	群众	无	无	2 次
35	张丽翠	女	57 岁	文盲	群众	无	无	3 次
36	赵秀娥	女	54 岁	初中二年	党员	无	妇女主任	4 次
37	李连珍	女	58 岁	文盲	群众	无	无	3 次
38	张美恩	女	58 岁	小学三年	群众	无	无	2 次

说明：

1. 为遵循学术伦理规范，保护被调查者隐私，上述姓名全部是化名。

2. 有些被访的老人仅仅讲述自身的情况，有些被访的老人仅仅讲述他人的情况①，有些被访的老人既讲述自身的情况，也讲述他人的情况。

3. 笔者通过多次采访，历时数月时间进行深度访谈，为了求证资料的真实性、准确性，笔者分别在农闲时间、农忙时间以及节日期间进行采访，以便使材料更为丰富。

4. 在采访中，有些被访者是在单独情况下接受的采访，有些则是在他人在场情况下接受的采访，为了求证资料的真实性，笔者曾对个案进行过多次采访，试图比较出他人在场对受访者回答的影响。

---

① 因为此项研究涉及的是家庭冲突事件，许多老人出于家丑不可外扬思想，以及恐怕他们的回答被子辈知晓给自身造成麻烦，因此，他们拒绝回答自家的冲突事件，但愿意回答别家的冲突事件。

访谈提纲

一　个人基本情况

1. 姓名
2. 性别
3. 年龄
4. 文化程度
5. 政治面貌
6. 曾任职务
7. 现任职务
8. 采访次数

二　村庄基本情况

1. 村庄人口数量、姓氏数量、村庄人口结构变化
2. 耕地面积、耕地种植情况
3. 村庄电视普及过程
4. 村民外出务工的变化过程
5. 村庄房屋建设的变化过程

三　村民关系

1. 您能讲述一下改革开放以来村庄人际交往情况吗？例如，盖房帮忙是否村民都去？是免费帮忙？还是付费干活？

2. 改革开放以来，村民之间的交往次数是否发生了变化？相互之间的帮助情况有没有发生变化？例如，务农、生活等方面的事务。

3. 您认为现在的人际关系亲密一些，还是改革开放初期的人际关系亲密一些呢？为什么？

4. 当老人和儿子、儿媳妇发生矛盾时，村民是否前去劝架？改革开放以来，这种劝架的情况是否发生变化？为什么？

5. 当您与儿子、儿媳妇发生矛盾时，您会找人来评理吗？都找哪些人？改革开放以来，这种情况都发生了哪些变化？为什么？

四　村庄舆论

1. 改革开放初期的时候，村民是否喜欢到村里聚聚聊天？如果有的

话，都讲些什么事情呢？是否会讲到家务事呢？后来是否发生了变化？

2. 您觉得现在村干部管事吗？有什么变化吗？您觉得现在人关心村庄集体事务吗？为什么？

3. 您认为村民在乎别人的评价吗？您自己在乎别人的评价吗？改革开放至今，这种情况是否发生变化？如果发生的话，都发生了哪些变化？为什么？

4. 改革开放以来，村庄中的集体活动情况是否发生变化？过去都有哪些活动？现在还有哪些活动？为什么会发生变化？

5. 如果您与儿子、儿媳妇发生矛盾了，如果您认为您是正确的，那么，您认为村里人会指责下辈吗？如果会的话，为什么？现在又有什么变化呢？

6. 您觉得改革初期的人喜欢议论别人的事情呢？还是现在的人喜欢议论别人的事情？为什么？

五 代际冲突及老人行动

1. 您觉得怎样才算孝敬老人？过去是什么标准？现在又是什么标准？为什么会发生变化？

2. 改革开放初期，当儿子不孝敬您的时候，您会怎么对儿子讲？现在当儿子不孝敬的时候，您会怎么讲？为什么？

3. 您觉得现在的人孝敬老人呢？还是过去的人孝敬老人？为什么？

4. 您觉得过去的下辈听老人的话？还是现在的下辈听老人的话？

5. 您觉得养老方面，过去家庭中的矛盾多呢？还是现在家庭的矛盾多？您觉得过去的老人反应强烈些呢？还是现在的反应强烈些？

6. 能讲述一下改革开放以来当您与儿子、儿媳妇发生矛盾时，您会怎么样？也就是说，您在发生矛盾后会采取何种行动？

7. 当发生矛盾时，您会很生气吗？会在乎结果吗？会动手吗？还是会使用家伙？会自己打自己吗？还是生闷气？从改革开放以来到现在，老人与儿子、儿媳妇发生的方式是否发生了变化？为什么？

8. 您与儿子、儿媳妇会在什么地方闹矛盾？您是否会有意选择公开或者私密的场所闹矛盾？在闹矛盾的时候，是否会回避村民？改革开放以来，有什么变化？为什么？

9. 在与儿子、儿媳妇发生矛盾时，老人会使用什么方法对付子辈？

10. 老人为什么会通过"经济制裁"来对付子辈？这种方法为什么发

生变化？

11. 老人为什么会通过"帮助制裁"来对付子辈？这种方法为什么会发生变化？

12. 老人为什么会通过"孙子制裁"来对付子辈？这种方法为什么会发生变化？

13. 在老人与儿子、媳妇的矛盾中，老人究竟是为了获得什么呢？

14. 老人为什么会因为经济原因与子辈发生矛盾？后来为什么又发生了变化？

15. 老人为什么会因为当家问题与子辈发生矛盾？后来为什么又发生了变化？

16. 为什么老人会因为面子问题与子辈发生矛盾？为什么后来又发生了变化？

17. 老人为什么会因为情感需要与子辈发生矛盾？为什么后来又发生了变化？

六　展望

1. 您对现在的生活满意吗？

2. 您觉得哪些地方生活改善了？哪些地方不满意？

3. 您对村庄当前的状况满意吗？

4. 您对当前家庭关系怎么看？

5. 您未来有什么打算？

参考文献

一　著作

[1] ［法］A. 比尔基埃等：《家庭史》第一卷（下），袁树仁等译，生活·读书·新知三联书店1998年版。

[2] ［英］安东尼·吉登斯：《社会的构成》，李康等译，生活·读书·新知三联书店1998年版。

[3] ［德］奥尔格·齐美尔：《社会是如何可能的：齐美尔社会学文选》，林荣远编译，广西师范大学出版社2002年版。

[4] ［美］彼得·布劳：《社会生活中的交换与权力》，孙非等译，华夏出版社1988年版。

[5] 陈功：《家庭革命》，中国社会科学出版社2000年版。

[6] 陈功：《我国养老方式研究》，北京大学出版社2003年版。

[7] 陈胜利等编：《中国计划生育与家庭发展变化》，人民出版社2002年版。

[8] ［日］丹山雅也：《婆婆对付儿媳77计》，刘子敬等译，吉林人民出版社1986年版。

[9] 邓伟志等编著：《中国家庭的演变》，上海人民出版社1987年版。

[10] 丁文等：《当代中国家庭巨变》，山东大学出版社2001年版。

[11] 范伟达等：《多元化的社会学理论》，辽宁人民出版社1989年版。

[12] 费孝通：《费孝通社会学文集社会学的探索》，天津人民出版社1985年版。

[13] 费孝通：《江村经济：中国农民的生活》，商务印书馆2004年版。

[14] 费孝通：《乡土中国生育制度》，北京大学出版社1998年版。

[15] 郭志刚：《当代中国人口发展与家庭户的变迁》，中国人民大学出版社1995年版。

[16] 贺雪峰：《乡村的前途》，山东人民出版社2007年版。

[17] 贺雪峰：《新乡土中国：转型期乡村社会调查笔记》，广西师范大学出版社 2003 年版。

[18] 黄光国：《面子——中国人的权力游戏》，中国人民大学出版社 2005 年版。

[19] 黄光国：《知识与行动：中华文化传统的社会心理诠释》，心理出版社 1995 年版。

[20] ［美］加里·S. 贝克尔：《家庭经济分析》，彭松建译，华夏出版社 1987 年版。

[21] 贾旭东：《利己与利他》，北京师范大学出版社 2002 年版。

[22] 蒋元明等：《媳妇与婆婆》，江苏人民出版社 1982 年版。

[23] 李桂梅：《冲突与融合》，中南大学出版社 2002 年版。

[24] 李桂梅：《乐在天伦》，湖南科学技术出版社 2003 年版。

[25] 李金河：《婆媳相处之道》，中国三峡出版社 2006 年版。

[26] 李银河等：《一爷之孙——中国家庭关系的个案研究》，上海文化出版社 2000 年版。

[27] 李银河：《女性权力的崛起》，中国社会科学出版社 1997 年版。

[28] 李银河：《中国人的性爱与婚姻》，中国友谊出版公司 2002 年版。

[29] 廖小平：《伦理的代际之维——代际伦理研究》，人民出版社 2004 年版。

[30] 刘汝华等编：《婆媳过招漫谈婆媳关系》，中国商业出版社 2004 年版。

[31] ［美］刘易斯·科塞：《社会冲突的功能》，孙立平等译，华夏出版社 1989 年版。

[32] 刘祖云：《从传统到现代：当代中国社会转型研究》，湖北人民出版社 2000 年版。

[33] 麻国庆：《家与中国社会结构》，文物出版社 1999 年版。

[34] ［美］马克赫·特尔：《变动中的家庭：跨文化的透视》，宋践等译，浙江人民出版社 1988 年版。

[35] ［德］马克斯·韦伯：《社会学的基本概念》，胡景北译，上海人民出版社 2005 年版。

[36] ［德］马克斯·韦伯：《经济与社会》，林荣远译，商务印书馆 2006 年版。

［37］［美］玛格丽特·米德：《代沟》，曾胡译，光明日报出版社 1998 年版。

［38］［美］玛格丽特·米德：《文化与承诺：一项有关代沟问题的研究》，周晓虹等译，河北人民出版社 1987 年版。

［39］［奥］迈克尔·米特尔等：《欧洲家庭史》，赵世玲等译，华夏出版社 1987 年版。

［40］穆光宗：《家庭养老制度的传统与变革：基于东亚和东南亚地区的一项比较研究》，华龄出版社 2002 年版。

［41］潘光旦：《祖先与老人地位潘光旦文选》，国际文化出版公司 1997 年版。

［42］潘允康等编：《当代中国家庭大变动》，广东人民出版社 1994 年版。

［43］［美］乔纳森·特纳：《社会学理论的结构》，吴曲辉译，浙江人民出版社 1987 年版。

［44］沈关宝：《一场悄悄的革命——苏南乡村的工业与社会》，云南人民出版社 1993 年版。

［45］水菱：《婆媳过招 66 式》，广西人民出版社 2009 年版。

［46］［美］塔尔科特·帕森斯：《社会行动的结构》，张德明译，译林出版社 2003 年版。

［47］田雪原：《中国老年人口社会》，中国经济出版社 1991 年版。

［48］王建成：《如何解决亲子冲突：中美家教观念透视》，知识产权出版社 2001 年版。

［49］王树新：《社会变革与代际关系研究》，首都经济贸易大学出版社 2004 年版。

［50］王玉波：《中国家庭的起源与演变》，河北技术出版社 1992 年版。

［51］王跃生：《社会变革与婚姻家庭变动》，生活·读书·新知三联书店 2006 年版。

［52］王跃生：《清代中期婚姻冲突透析》，社会科学文献出版社 2003 年版。

［53］王跃生：《社会变革与婚姻家庭变动：20 世纪 30—90 年代的冀南农村》，生活·读书·新知三联书店 2006 年版。

［54］［美］威廉·费尔丁·奥格本：《社会变迁——关于文化和先天的本质》，王晓毅等译，浙江人民出版社 1989 年版。

[55] 吴飞：《自杀作为中国问题》，生活·读书·新知三联书店 2007 年版。

[56] 吴鲁平：《微妙的隔膜——代际心理》，中国青年出版社 1993 年版。

[57] 萧振禹编：《养老你指望谁》，改革出版社 1998 年版。

[58] 谢元鲁等：《中国古代敬老养老风俗》，陕西人民出版社 1994 年版。

[59] 许烺光：《美国人与中国人——两种生活方式比较》，华夏出版社 1989 年版。

[60] 许烺光：《祖荫下：中国乡村的亲属、人格与社会流动》，南天书局 2001 年版。

[61] 阎云翔：《礼物的流动》，上海人民出版社 2000 年版。

[62] 阎云翔：《私人生活的变革：一个中国村庄里的爱情、家庭与亲密关系（1949—1999）》，龚小夏译，上海书店出版社 2006 年版。

[63] 杨善华等：《城乡家庭——市场经济与非农化背景下的变迁》，浙江人民出版社 2000 年版。

[64] 姚远：《中国家庭养老研究》，中国人口出版社 2001 年版。

[65] 张乐天：《告别理想——人民公社制度研究》，东方出版中心 1998 年版。

[66] 张永杰等：《第四代人》，东方出版社 1988 年版。

[67] 中国社会科学院老年科学研究中心：《构建和谐社会：关注老龄化影响》，中国社会科学出版社 2007 年版。

二　期刊

[1] 包蕾萍：《代际冲突和不同的生活风格》，《当代青年研究》1999 年第 6 期。

[2] 边馥琴等：《中美家庭代际关系比较研究》，《社会学研究》2001 年第 2 期。

[3] 长子中：《当前新生代农民工价值观念透视》，《北方经济》2009 年第 5 期。

[4] 车茂娟：《中国家庭养育关系中的“逆反哺模式”》，《人口学刊》1990 年第 4 期。

[5] 陈柏峰：《“气”与村庄生活的互动——皖北李圩村调查》，《开放时代》2007 年第 6 期。

[6] 陈柏峰：《代际关系变动与农村老年人自杀——对湖北京山农村的实

证调查》,《社会学研究》2009 年第 4 期。

［7］陈柏峰等：《也论"面子"——村庄生活的视角》,《华中科技大学学报》（社会科学版）2007 年第 1 期。

［8］陈彩霞：《经济独立才是农村老年人晚年幸福的首要条件——应用霍斯曼交换理论对农村老年人供养方式的分析和建议》,《人口研究》2000 年第 2 期。

［9］陈新民等：《电视的普及与村落"饭市"的衰落——对古坡大坪村的田野调查》,《国际新闻界》2009 年第 4 期。

［10］仇立平：《婆媳之间——恼人的家庭关系》,《社会》1990 年第 2 期。

［11］崔应令：《婆媳关系与当代乡村和谐家庭的构建》,《武汉大学学报》（哲学社会科学版）2007 年第 2 期。

［12］丁璟：《家庭本位与个人本位》,《经济与社会发展》2006 年第 10 期。

［13］董之鹰：《孝文化与代际网络关系研究》,《中国社会科学院院报》2004 年第 10 期。

［14］杜江先：《婆媳礼制及在现代的冲突》,《民俗研究》1985 年第 2 期。

［15］杜鹏等：《农村子女外出务工对留守老人的影响》,《人口研究》2004 年第 6 期。

［16］杜鹏等：《中国老年人的主要经济来源分析》,《人口研究》1998 年第 4 期。

［17］杜亚军：《代际交换与养老制度》,《人口研究》1989 年第 5 期。

［18］费孝通：《中国家庭结构的变化》,《天津社会科学》1982 年第 3 期。

［19］高小贤：《当代中国农村妇女转移及农业女性化趋势》,《社会学研究》1994 年第 2 期。

［20］葛道顺：《代沟还是代差？——相依性代差论》,《青年研究》1994 年第 7 期。

［21］郭秀娟：《浅析当代农村家庭婆媳不和现象》,《中华女子学院学报》2004 年第 4 期。

［22］郭于华：《不适应的老人》,《读书》1998 年第 6 期。

［23］郭于华：《代际关系中的公平逻辑及其变迁——对河北农村养老事件的分析》,《中国学术》2001 年第 4 期。

［24］郭于华：《农村现代化过程中的传统亲缘关系》，《社会学研究》1994 年第 6 期。

［25］郭于华：《"弱者的武器"与"隐藏的文本"——研究农民反抗的底层视角》，《读书》2002 年第 7 期。

［26］郭于华：《再读斯科特：关于农民反抗的日常形式》，《中国图书评论》2007 年第 8 期。

［27］郭志刚等：《老年人与子女之间的代际经济流量的分析》，《人口研究》1998 年第 1 期。

［28］郭志刚等：《现行生育政策与未来家庭结构》，《中国人口科学》2002 年第 1 期。

［29］何兰萍：《从公共空间看农村社会控制的弱化》，《理论与现代化》2008 年第 2 期。

［30］贺雪峰：《被"规定"为无用的京山农村老人》，《中国老区建设》2009 年第 11 期。

［31］贺雪峰：《村庄的生活》，《开放时代》2002 年第 2 期。

［32］贺雪峰：《论农民理性化的表现与原因——以河南省汝南县宋庄村的调查为例》，《湛江师范学院学报》2008 年第 2 期。

［33］贺雪峰：《南方农村与北方农村差异简论——以河南省汝南县宋庄村的调查为基础》，《学习论坛》2008 年第 3 期。

［34］贺雪峰：《农村代际关系论：兼论代际关系的价值基础》，《社会科学研究》2009 年第 5 期。

［35］贺雪峰：《农村家庭代际关系的变动及其影响》，《江海学刊》2008 年第 4 期。

［36］贺雪峰：《农村家庭代际关系的变迁——从"操心"说起》，《古今农业》2007 年第 4 期。

［37］贺雪峰：《农民价值观的类型及相互关系——对当前中国农村严重伦理危机的讨论》，《开放时代》2008 年第 3 期。

［38］贺雪峰：《人民公社的三大功能》，《开放时代》2008 年第 1 期。

［39］贺雪峰：《现代化进程中的村庄自主生产价值能力》，《探索与争鸣》2005 年第 7 期。

［40］贺雪峰：《中国农村社会转型及其困境》，《东岳论坛》2006 年第 2 期。

[41] 贺雪峰：《中国农民价值观的变迁及其对乡村治理的影响——以辽宁大古村调查为例》，《学习与探索》2007 年第 5 期。

[42] 贺雪峰：《半熟人社会》，《开放时代》2002 年第 1 期。

[43] 贺雪峰等：《农民外出务工的逻辑与中国的城市化道路》，《中国农村观察》2009 年第 2 期。

[44] 洪彩华：《试从"反哺"与"接力"看中西亲子关系》，《伦理学研究》2007 年第 2 期。

[45] 胡翼：《代际冲突：我们为何"哈韩"》，《中国青年研究》2004 年第 1 期。

[46] 黄建钢：《代际模糊：青年正在消失乎?》，《中国青年研究》1999 年第 6 期。

[47] 金克木：《代沟的底层》，《读书》1989 年第 6 期。

[48] 金勤明：《试论代际冲突与沟通》，《江西社会科学》1995 年第 3 期。

[49] 李芬：《和谐家庭背景下的婆媳互动解析》，《长春理工大学学报》（社会科学版）2007 年第 3 期。

[50] 李春萌：《婆媳之争的人类学分析》，《青海民族学院学报》（社会科学版）2005 年第 1 期。

[51] 李东山：《工业化与家庭制度变迁》，《社会学研究》2000 年第 6 期。

[52] 李景毅：《婆媳关系与其网络人际关系效应》，《人口学刊》1996 年第 3 期。

[53] 李靖：《农村留守老人亟待关注——对安徽省枞阳、桐城等地 318 户老人的调查》，《中国乡村发现》2006 年第 1 期。

[54] 李强等：《农民工汇款的决策、数量与用途分析》，《中国农村观察》2008 年第 3 期。

[55] 李新华：《"代"的时代》，《当代青年研究》1988 年第 5 期。

[56] 李迎生：《关于"代沟"的社会学思考》，《青年研究》1991 年第 12 期。

[57] 林世芳：《社会学新问题：婆媳不和现象》，《福建师范大学福清分校学报》2000 年第 4 期。

[58] 刘爱玉等：《社会变迁过程中的老年人家庭支持研究》，《北京大学学报》2000 年第 3 期。

［59］刘桂莉：《眼泪为什么往下流？——转型期家庭代际关系倾斜问题探析》，《南昌大学学报》（人文社会版）2005 年第 6 期。

［60］刘立国：《农村家庭养老中的代际交换分析及其对父代生活质量的影响》，《南方人口》2004 年第 2 期。

［61］刘少蕾：《新的代沟》，《青年研究》1996 年第 4 期。

［62］刘应杰：《解开婆媳关系的结》，《社会》1996 年第 12 期。

［63］卢利林：《社会转型时期消费代际冲突探析》，《中国青年研究》2006 年第 1 期。

［64］麻国庆：《分家：分中有继也有合——中国分家制度研究》，《中国社会科学》1999 年第 1 期。

［65］马尽举：《关于孝文化的再研究》，《伦理学研究》2003 年第 6 期。

［66］毛园芳：《建国后我国妇女解放的历程和现状》，《浙江师范大学学报》（社会科学版）1998 年第 6 期。

［67］潘文岚：《家庭代际伦理的现实问题》，《社会》1999 年第 1 期。

［68］彭庆红：《代沟到底有多大？——青少年的父母取向与同辈取向》，《中国青年研究》2000 年第 2 期。

［69］尚会鹏：《中原地区的"分家"现象与代际关系——以河南省开封县西村为例》，《青年研究》1997 年第 1 期。

［70］申端锋：《电视下乡：大众媒介与乡村社会相关性的实证研究》，《华中科技大学学报》（社会科学版）2008 年第 6 期。

［71］申端锋：《中国农村出现伦理性危机》，《中国老区建设》2007 年第 7 期。

［72］沈关宝：《从学以致用、文野之别到文化自觉——费孝通老师的文化功能论》，《社会》2006 年第 2 期。

［73］沈关宝：《人的全面发展是当代人伦关系定位的基石》，《探索与争鸣》1996 年第 3 期。

［74］沈奕斐：《"后父权制时代"的中国——城市家庭内部权力关系变迁与社会》，《广西民族大学学报》（哲学社会科学版）2009 年第 6 期。

［75］斯皮茨·沃德等：《对老年人的家庭支持：美国的情况》，《社会学研究》1989 年第 4 期。

［76］宋璐等：《代际交换对中国农村老年人健康状况的影响：基于性别

差异的纵向研究》，《妇女研究论丛》2006 年第 4 期。

[77] 孙鹃娟：《成年子女外出状况及对农村家庭代际关系的影响》，《人口学刊》2010 年第 1 期。

[78] 孙鹃娟：《劳动力迁移过程中的农村留守老人照料问题研究》，《人口学刊》2006 年第 4 期。

[79] 孙敏等：《社会变迁下的婆媳关系诸态研究》，《杭州市委党校学报》2010 年第 2 期。

[80] 唐灿等：《女儿赡养的伦理与公平——浙东农村家庭代际关系的性别考察》，《社会学研究》2009 年第 6 期。

[81] 唐有财：《新生代农民工消费研究》，《学习与实践》2009 年第 12 期。

[82] 汪兵：《是所有权还是使用权——论中国父家长的权限》，《天津师范大学学报》2000 年第 5 期。

[83] 王春光：《新生代农民工城市融入进程及问题的社会学分析》，《青年探索》2010 年第 3 期。

[84] 王洪春：《生育率下降对代际关系的影响及对策》，《人口学刊》1996 年第 3 期。

[85] 王树新：《论城市中青年人与老年人分而不离的供养关系》，《中国人口科学》1995 年第 3 期。

[86] 王树新等：《人口老龄化过程中的代际关系新走向》，《人口与经济》2002 年第 4 期。

[87] 王跃生：《当代中国家庭结构变动分析》，《中国社会科学》2006 年第 1 期。

[88] 王跃生：《个体家庭、网络家庭和亲属圈家庭分析——历史与现实相结合的视角》，《开放时代》2010 年第 4 期。

[89] 王跃生：《社会变革与当代农村婚姻家庭变动研究的回顾和思考》，《当代中国史研究》2002 年第 5 期。

[90] 王跃生：《制度变革、社会转型与中国家庭变动——以农村经验为基础的分析》，《开放时代》2009 年第 3 期。

[91] 王跃生：《中国家庭代际关系的理论分析》，《人口研究》2008 年第 4 期。

[92] 王跃生：《中国农村家庭的核心化分析》，《中国人口科学》2007 年

第 5 期。

[93] 王跃生：《农村家庭代际关系理论和经验分析——以北方农村为基础》，《社会科学研究》2010 年第 4 期。

[94] 王秩龙：《王村调查——农村老人权威的丧失及其养老问题》，《社会》1999 年第 7 期。

[95] 吴谅谅等：《家庭代际交换模式变革对老年心理健康的影响》，《中国老年学杂志》2003 年第 12 期。

[96] 吴小英：《代际冲突与青年话语的变迁》，《青年研究》2006 年第 8 期。

[97] 伍小兰：《中国老年人口收入差异研究》，《人口学刊》2008 年第 1 期。

[98] 肖群忠：《孝与友爱：中西亲子关系之差异》，《道德与文明》2001 年第 1 期。

[99] 笑冬：《最后一代婆婆》，《社会学研究》2002 年第 3 期。

[100] 熊必俊：《养老的实质是代际交换》，《中国社会工作》1998 年第 3 期。

[101] 熊跃：《需要理论及其在老人照顾领域中的应用》，《人口学刊》1998 年第 5 期。

[102] 徐安琪：《家庭结构与代际关系研究——以上海为例的实证分析》，《江苏社会科学》2001 年第 2 期。

[103] 徐经泽等：《家庭纠纷调解探析》，《妇女学苑》1988 年第 2 期。

[104] 徐勤等：《艾滋病对代际关系的影响——从老年的视角》，《浙江学刊》2006 年第 2 期。

[105] 徐征等：《代际关系的影响因素及如何建立正向的代际关系》，《人口与经济》2003 年第 3 期。

[106] 许放明：《婆媳关系：一个难解难分的情结》，《社会》1996 年第 8 期。

[107] 阎卡林：《关于我国一些地区新生儿性比例失调的原因及对策——二论"养老"与"生小"的关系》，《人口学刊》1983 年第 4 期。

[108] 阎云翔：《差序格局与中国文化的等级观》，《社会学研究》2006 年第 4 期。

[109] 阎云翔：《家庭政治中的金钱与道义：北方农村分家模式的人类学

分析》，《社会学研究》1998 年第 6 期。

[110] 杨华：《村庄舆论控制模式的变迁》，《上海城市管理职业技术学院学报》2008 年第 2 期。

[111] 杨华：《当前我国农村代际关系均衡模式的变化——从道德性越轨和农民"命"的观念说起》，《古今农业》2007 年第 4 期。

[112] 杨华：《纠纷的性质及其变迁原因——村庄交往规则变化的实证研究》，《华中科技大学学报》（社会科学版）2008 年第 1 期。

[113] 杨华：《自己人的调解——从农村纠纷调解过程中的"举例说明"谈起》，《中国农业大学学报》2009 年第 2 期。

[114] 杨华：《最后一个"礼生"》，《中国乡村发现》2008 年第 2 期。

[115] 杨华等：《村庄中"气"的救济机制》，《宁波市委党校学报》2008 年第 6 期。

[116] 姚远：《对家庭养老概念的再认识》，《人口研究》2000 年第 5 期。

[117] 袁振国：《谈谈代际冲突》，《上海青少年研究》1986 年第 6 期。

[118] 曾毅等：《中国家庭结构的现状、区域差异及变动趋势》，《中国人口科学》1992 年第 2 期。

[119] 曾毅等：《中国家庭与老年人居住安排的变化》，《中国人口科学》2004 年第 5 期。

[120] 张会永：《从"空巢家庭"看单向度的家庭代际伦理关系》，《中州学刊》2006 年第 3 期。

[121] 张友琴：《老年人社会支持网的城乡比较研究》，《社会学研究》2001 年第 4 期。

[122] 赵喜明：《代沟、代桥、代梯》，《中国青年》1989 年第 9 期。

[123] "中国代际关系研究"课题组：《中国人的代际关系：今天的青年人和昨天的青年人》，《人口研究》1996 年第 6 期。

[124] 钟年：《文化濡化及代沟》，《社会学研究》1993 年第 1 期。

[125] 周飞舟：《从汲取型政权到"悬浮型"政权——税费改革对国家与农民关系之影响》，《社会学研究》2006 年第 4 期。

[126] 周福林：《我国留守老人状况研究》，《西北人口》2006 年第 1 期。

[127] 周晓虹：《文化反哺：变迁社会中的亲子传承》，《社会学研究》2000 年第 2 期。

[128] 周怡：《城乡比较：不同的利益结构变迁导致不同的代际地位差

异》，《社会学研究》1997 年第 5 期。

［129］ 周怡：《代沟理论：跨越代际对立的尝试》，《南京大学学报》1995
年第 2 期。

［130］ 周怡：《代沟现象的社会学研究》，《社会学研究》1994 年第 4 期。

［131］ 周祝平等：《城市化加速和体制转轨背景下的代际关系研究》，《中
国老龄研究》2004 年第 3 期。

［132］ 朱东丽：《婆媳冲突的社会学分析》，《西北农林科技大学学报》
（社会科学版）2007 年第 1 期。

　三　外文文献

［1］ Abrams, B. A. and M. D. Schmitz, The Crowding – out Effect of Gov-
ernmental Transfers on Private Charitable Contributions: Cross – sectional
Evidence. *National Tax Journal*, 1984.

［2］ Kunemund, Harald and Martin Rein, There is More Toreceiving than Nee-
ding: Theoretical Arguments and Empirical Explorations of Crowding in
and Crowding out. *Ageing and Society*, 1999.

［3］ Wilensky, H. L., *Rich Demographics: Political Economy, Public Policy
and Performance.* University of California Press, 2002.

［4］ Aboderin and Isabella, Modernization and Ageing Theory Revisited: Cur-
rent Explanations of Recent Developing World and Historical Western
Shifts in Material Family Support for Older People. *Ageing & Society*,
2004, 24.

［5］ Dwayne Benjamin, Loren Brandt, and Scott Rozelle, Aging, Well – being,
and Social Security in Rural North China. *Population and Development Re-
view*, Vol. 26, 2000.

［6］ Myron L. Cohen, *House United, House Divided: The Chinese Family in
Taiwan.* New York: Columbia University Press, 1976.

［7］ Ellen R. Judd, Niangjia, Chinese Women and Their Natal Families. *Jour-
nal of Asian Studies*, Vol. 48, 1989.

［8］ Jenet Finch, *Family Obligations and Social Change.* Cambridge: Polity
Press 1989.

［9］ Aquilino, William, The Likelihood of Parent – Adult Child Coresidence:
Effects of Family Structure and Parental Characteristics. *Journal of Mar-*

riage and the Family, Vol. 52, 1990.

[10] Bernard, Farber, John Mogney and Karen S. Smith, Introduction: Kinshipand Development. *Journal of Comparative Family Studies*, Vol. 17, 1986.

[11] Brody, Elaine M., Parent Care as a Normative Family Stress. *The Gerontologist*, Vol. 25, 1985.

[12] Casterline, John B., Linda Williams, Albert Hermalin, M. C. Chang, Napaporn Chayovan, Paul Cheung, Lita Domingo, John Knodel and Mary *Beth Ofstedal*, Differences in the Living Arrangements of the Elderly in four Asian Countries: The Interplay of Constraints and Preferences. Comparative Study of the Elderly in Asia, University of Michigan: Population Studies Center, 1991.

后 记

　　本书是在我的博士学位论文基础上修改而成的。感谢导师陆小聪教授对我的辛勤指导，感谢师弟、师妹的帮助。应该说，本书不仅仅倾注了我的心血，更倾注了导师、师弟、师妹的指导与关爱。

　　感谢沈关宝老师、张江华老师、仇立平老师、张文宏老师、张佩国老师、张敦福老师、刘玉照老师、耿敬老师、巫达老师在本书写作过程中给予的指导和关心。感谢师弟胡全柱、曹祖耀、张修枫、杨治给予的指导，感谢师妹张瑞玲、张芳芳给予的关心，感谢好友沈卫星的帮助。感谢 Y 村老人给予的热情配合，尤其要感谢胡全柱一家人对我的大力支持！

　　感谢河南大学体育学院杨军院长给予的大力支持，感谢裴强书记、贾天明副书记、李鹏副院长、彭金洲副院长、张大超副院长、牛云杰副院长、杜胜林主任、张慧主任的关心与帮助！

　　感谢中国社会科学出版社卢小生编审对本书的大力支持与帮助！

乔 超

2014 年 12 月